إدارة الموارد البشرية

إدارة الموارد البشرية

تأليف

د.زيد منير عبودي

الطبعة الأولى

١٤٢٨ هـ-٢٠٠٧م

دار كنوز المعرفة العلمية للنشر والتوزيع

رقم الإجازة المتسلسل لدى دائرة المطبوعات والنشر (٥٣٤/ ٣/ ٢٠٠٦)
رقم الإيداع لدى دائرة المكتبة الوطنية (٥٠٦/ ٣/ ٢٠٠٦)

٦٥٨,٣

عبوي ، زيد منير

إدارة الموارد البشرية/ زيد منير عبوي

عمان: دار كنوز المعرفة، ٢٠٠٦.

(٢٥٦) ص.

ر.إ: (٥٠٦/ ٣/ ٢٠٠٦).

الواصفات: إدارة الأفراد / / إدارة الأعمال

تم إعداد بيانات الفهرسة والتصنيف الأولية من قبل دائرة المكتبة الوطنية

دار كنوز المعرفة
للنشر والتوزيع

الأردن – عمان - وسط البلد - مجمع الفحيص التجاري

تلفاكس: ٠٠٩٦٢٦٤٦٥٥٨٧٧ - موبايل: ٠٠٩٦٢٧٩٥٥٢٥٤٩٤ - ص.ب ٧١٢٥٧٧ عمان

E-Mail: dar_konoz@yahoo.com

المقدمة

تعد إدارة الموارد البشرية في الأجهزة الإدارية , العامة منها والخاصة , حجر الزاوية في العملية الإدارية , وذلك لأن مدى فاعلية هذه الأجهزة في تحقيق رسالتها يعتمد إلى حد بعيد على مواردها البشرية وما يتمع به أفرادها من مهارات وقدرات وماليديهم من طاقات ودوافع وطموحات منهم الذين يرسمون السياسات والخطط والإستراتيجيات والبرامج , ولهذا يعد نجاح المنظمات في تحقيق غايتها الأساسية يعتمد على نوعية القوى العاملة فيها وعلى الأستخدام الفاعل لهذه القوى.

يهدف هذا الكتاب إلى تعريف القارىء بطبيعة إدارة الموارد البشرية بجميع أبعاده وعناصره , وقد قسم الكتاب إلى ثمانية عشر فصلاً على النحو التالي :-

الفصل الأول : ويشمل مفهوم الطبيعة الشخصية وإدارة الموارد البشرية وذلك بالتعرف على مفهوم إدارة الموارد البشرية ووظائفها , ودور ديوان الخدمة المدنية في الإدارة والتعرف على إدارة الموارد البشرية في الوقت الحاضر والمعايير التي تؤهل أي عمل ليصبح مهنه وآخر للتعرف على وظائف الموظفين المختلفة.

الفصل الثاني : ويشمل تخطيط الموارد البشرية والوظائف , وذلك بالتعرف على دور عملية التخطيط واوجه أستخدام التخطيط للموارد البشرية ونماذجها ومن ثم التعرف على تحليل البيئة وتحديد مستقبل دائرة الموارد البشرية وتحليل الوضع الحالي للمنظمة.

الفصل الثالث : ويشمل إستراتيجية إدارة الموارد البشرية , وذلك بالتعرف على تعريف إستراتيجية الموارد البشرية والخطط والخطوات

الأساسية المطلوبة لنجاحها والنماذج الأساسية لها ودور إدارة الموارد البشرية كمشارك إستراتيجي والدور الإستراتيجي لمدير إدارة الموارد البشرية ودور الموارد البشرية في وضع الإستراتيجيات والتخطيط والتوجه الإستراتيجي ونماذج إستراتيجيتها والأساس التوجهي لها.

الفصل الرابع : ويشمل الأوجه الإستراتيجية في الحصول على الموارد البشرية وذلك بالتعرف على تعريف عملية الحصول على الموارد البشرية والأستجابة لسوق العمالة الخارجي والديمراغرافي ومرونة خيارات الحصول على الموارد البشرية ودور إستراتيجية الحصول عليها.

الفصل الخامس : ويشمل بيئة التطور الوظيفي , وذلك بالتعرف على تعريف وأهمية التطور الوظيفي وفهم الوظائف والمراحل المثالية للوظيفة ومرتكزاتها والقضايا المعقدة والتلميحات التنظيمية ومؤشرات أساسية في التطور الوظيفي وإدارة المهنة الفردية وأخيراً التعرف على دعم المنظمة للتطوير الوظيفي.

الفصل السادس : وبشمل الأتصال الإداري , وذلك بالتعرف على لمفهوم الإتصال وأهميته واغراضه وأنواعه ومراحل عملية الاتصال وعناصره ومقوماته.

الفصل السابع : ويشمل الأوجه الإستراتيجية للمشاركة وذلك بالتعرف على التطور التارخي لمشاركة العاملين ومفهوم المشاركة وأساليب المشاركة للموظفين في الإدارة.

الفصل الثامن : ويشمل إدارة الفريق وذلك بالتعرف على فوائد فريق العمل وأنماط الفريق وفعاليتة ومعرفة هل يعتبر الفرق الأجابة الصحيحة.

الفصل التاسع : ويشمل إدارة التنوع وذلك بالتعرف على تكافؤ الفرص وإدارة التنوع والفروق الرئيسية بين مداخل الفرص المتساوية

ومداخل إدارة التنوع والتعرف على التشريعات ومراجعتها وإدارة وتقييم التنوع ومعرفة هل الجماعات أم الأفراد في التنوع والتعرف أيضاً على عملية إدارة التنوع وأبعادها والفرص المتكافئة أم إدارة التنوع هي أفضل.

الفصل العاشر : ويشمل الأعتراف بالأتجاهات التجارية , وذلك بالتعرف على نقابات واتحادات العمال ومفهوم النقابة وطبيعتها وأنواعها وأهدافها وعلاقة إدارة المنشأة مع النقابات وإدارة التفاوض بين العمال والإدارة وأخيراً التعرف في هذا الفصل على أهمية المفاوضات الجماعية.

الفصل الحادي عشر : ويشمل المداخل المختلفة للتقييم , وذلك بالتعرف على مداخل التقييم الأساسية ومن الذين نقوم بتقييمهم ومشاكل أخرى تسببت في فشل المشاريع والمخططات التقيمية وخطوات المقابلة التقيمية.

الفصل الثاني عشر : ويشمل تقييم الوظائف , وذلك بالتعرف على أهداف عملية تقييم الوظائف والأعتبارات المناسبة لطرق تقييم الوظائف ومراحل الأعداد لعملية تقييم الوظائف.

الفصل الثالث عشر : ويشمل التفاوض , وذلك بالتعرف على خطوات الأعداد للمفاوضات.

الفصل الرابع عشر : ويشمل الأوجه الإستراتيجية لدفع (الأجور والتعويضات) , وذلك بالتعرف على أهداف المنظمات من إتباع سياسات الأجور والأعتبارات الرئيسية للأجور ومراحل إعداد نظام الأجور والاجور المبينة على الأداء وأنماط الأجر المرتبطة بالإدارة وعوامل نجاح سياسات الأجر المرتبطة بالأداء.

الفصل الخامس عشر : ويشمل عقود التوظيف والمتعاقدين والمستشارين , وذلك بالتعرف على أنواع العقود للعمل.

الفصل السادس عشر : ويشمل الاستقطاب , وذلك بالتعرف على الإستراتيجيات الأساسية لاستقطاب الموظفين.

الفصل السابع عشر : ويشمل رواتب التقاعد والدفع في حالة الأجازات المرضية , وذلك بالتعرف على تعريف النظام التقاعدي وزيادة الوعي حول برامج التقاعد وأنواعها والأختلافات في برامج تقاعد الشركات ومعلومات عن التقاعد ودور دائرة شؤون الموظفين والإجازة المرضية مدفوعة الأجر ودور دائرة الموارد البشرية وفترة أستحقاق الأجازة المرضية وبرامج تمويل صندوق التقاعد.

الفصل الثامن عشر : ويشمل الرفاه والصحة العامة , وذلك بالتعرف على تعريف الصحة والسلامة العامة والرفاه وتطور وأهمية توفير احتياطات الصحة والسلامة العامة والرفاه وإدارته ومسؤولياته المهنية والصحية ومن ثم التعرف على تدريب السلامة العامة وأساليب الأقناع ومتطلبات برامج السلامة العامة ومواصفات الوظيفة والدور الذي يقوم به المشرف والتعرف على تقدير الخطر وأخيراً التعرف على الرفاه والصحة المهنية.

الفصل الأول : مفهوم الطبيعة الشخصية

وإدارة الموارد البشرية

- تعريف شامل لإدارة الموارد البشرية

- وظائف ودور إدارة شؤون الموظفين

- ديوات الخدمة المدنية في الأردن : دوره ومهامه في شؤون الموظفين

- شؤون الموظفين (إدارة الموارد البشرية) في الوقت الحاضر

- المعايير التي تؤهل أي عمل ليصبح مهنه

- وظائف الموظفين المختلفة

مفهوم الطبيعة الشخصية وإدارة شؤون الموظفين

- تعريف شامل لإدارة شؤون الموظفين :-

هي مجموعة الفعاليات التخطيطية والتنظيمية والرقابية المتعلقة بتعبئة العاملين للجهاز الحكومي واستخدامها ورفع كفاءتهم وتحديد حقوقهم ووجباتهم وفقا للنظم والتشريعات واللوائح المعدة.

وظائف ودور إدارة شؤون الموظفين :

١ - التخطيط للقوى العاملة في الدولة سواء كانوا موظفين أو مستخدمين أو عمال وتحديد الاحتياجات منهم كماً ونوعاً.

٢ - التعاون مع متخذي القرارات من أجل الأختيار والتعيين بعد الإعلان عن الشواغر ومقابلة المتقدمين واختيارهم واحلال المرشحين منهم.

٣ - تحديد حركة العاملين من خلال النقل والترقية والإيفاد والإعارة من دائرة لأخرى.

٤ - الوقوف على معدلات دوران العمل وتأثيرات التغيب والانقطاع ووقوع الحوادث والإصابات.

٥ - تقويم أداء العاملين واقتراح السياسات العامة لتحفزهم وضمان كفاءتهم وفاعليتهم.

٦ - اقتراح سياسات الدفع وما يستحقه العاملين من رواتب وأجور ومخصصات وعلاوات.

٧ - تصميم البرامج الخدمية والترفيهية لنقل العاملين ومعالجتهم والتأمين عليهم وتسليفهم وإسكانهم.

٨ - النظر بالمظالم والشكاوي والدعاوي المرفوعة على الموظفين أو من قبلهم.

٩ - تدريب العاملين وتطوير كفاءتهم وضمان مواكبتهم للنظم والأساليب الحديثة.

١٠ - إجراء الدراسات والبحوث وتقديم الفتاوى والتفسيرات القانونية والفنية

١١ - أتخاذ الإجراءات اللإزمه بشأن الخدمة سواء بالإحالة على التقاعد أو بالإستقالة أو بالفصل.

١٢ - أية إجراء أو مهام أخرى تنص عليها التشريعات أو توضحها اللوائح.

هناك عدد من المهام والوظائف التي لابد لكل دولة من أداءها إذا ما أرادت أن تحسن إدارة شؤون موظفيها مراعية في ذلك الجمع بين ثلاثة مبادىء أساسية ينبغي توفرها والإلتزام بها في ضوء المفاهيم الإنسانية والإدارية المعاصرة والمبادىء الرئيسية هي :-

١ - تحقيق الكفاءة والفاعلية في أداء العاملين في الدولة باعتبار أن نجاح الجهاز الإداري وتحقيقه لأهدافه يتوقف على درجة كفاءة أو فاعلية العاملين فيه , والكفاءة والفاعلية لايمكن تحقيقها إلا من خلال تطبيق الوسائل والأساليب العلمية الحديثة ووضع السياسات والبرامج المتطورة.

٢ - إقامة العدل وإتاحة الفرص المتكافئة بين عموم المواطنين ومعاملتهم بصورة متساوية دونما تحيز وتعصب بسبب الجنس أو القومية أو اللون أو العشيرة أو الطبقية أمام عمليات اختيارهم وتوظيفهم , واقامة العدل يستلزم عدم استغلال العاملين وحاجاتهم إلى العمل فتغمط حقوقهم أو تزاد ساعات عملهم أو يضغط عليهم كأن يرهقوا أو يهددوا بالفصل.

٣ - وضع الموظف المناسب في الوظيفة المناسبة والتمييز بين المجد والمعصر ومكافأة العاملين كل حسب أنتاجه أو حسن أداءة.

ديوان الخدمة المدنية في الأردن : دورة ومهامه

- تطبيق أنظمة ديوان الخدمة المدنية والأشراف وتقديم المشورة الفنية والقيادية.

- تنسيب مشروعات أنظمة الخدمة المدنية إلى رئاسة الوزراء.

- وضع خطط لتصنيف الوظائف والإشراف عليها بعد إقرارها.

- وضع سلم للرواتب بالنسبة للموظفين اعتماداً على خطة تصنيف الوظائف تسعير الشهادات.

- تطوير برامج انتقاء الموظفين إعتماداً على خطة تصنيف.
- المشاركة في تحديد احتياجات الدوائر طبقاً لمتطلبات العمل.
- وضع البرامج التدريبية سواء كانت داخل البلد أو خارجه.
- رسم طريقة لتأمين الموظفين مستقبلاً وضمان جو صحي للعمل.
- وضع توصيات حول تنشيط العاملين وتحفيزهم.
- العمل على رفع روحهم المعنوية.
- الاحتفاظ بأحصائيات دقيقة وحديثة عن إعداد الموظفين واسمائهم ودرجاتهم وتاريخ تعينهم ورواتبهم.... الخ.
- إعداد دليل الموظف يوضح السياسة المتبعة في إدارة شؤون الموظفين والعمل.
- تقديم تقرير سنوي عن نشاطات الديوان لمجلس الوزراء.

شؤون الموظفين (الأفراد) في الوقت الحاضر
- كانت إدارة شؤون الموظفين في السابق وظيفة هامشية تقتصر على العلاقات العامة، أما في الوقت الحاضر فقد أصبحت تشمل :-

١- حفظ السجلات ولكن بعد ذلك تطورت هذه الوظيفة واصبحت متعددة المهام والوظائف.

٢- التعامل مع متخذي القرارات في رسم السياسات العامة المتعلقة بالإيدي العاملة من حيث التوظيف الترقية , التدريب ... الخ.

٣- تزويد أصحاب القرار بالمعلومات الصحيحة التي تساهم في صنع القرارات الإدارية على مستويات عليا.

٤- عملية الاشتراك وتنفيذ السياسات العامة المتعلقة بالقوى البشرية مثل إختيار العاملين وترقيتهم وتوظيفهم وصرف تخصصاتهم.

٥- القيام له بدور المراجعة والمراقبة المتعلقة بالسياسة العامة للقوي البشرية ودراسة السياسات الصادرة عن الأدارة العليا وكتابة تقرير عنها واقتراح الأفضل منها.

٦- العمل على تطوير نوعية جيدة لحياة الموظفين في التنظيم وخلق فرص لتحقيق الذات.

٧- خلق مناخ صحي للعمل مما يزيد من ولاء العاملين والأهتمام بحقوقهم والحرص على مصالحهم.

٨- توفير السلامة والصحة المهنية للعاملين وتحقيق العدالة والقضاء على المعايير المزدوجة.

٩- القيام بادوار تجديدية في التنظيم وإدخال أساليب حديثة في إدارة شؤون الموظفين والعنصر البشري من حيث تقييم الأداء وإغناء العمل وتصميم الوظائف وإستخدام الحاسوب.

١٠- الحرص على تزويد القوى العاملة المدربة والمؤهلة المحفزة والراغبة في العمل للمنظمات.

ما هي المعايير التي تؤهل أي عمل ليصبح مهنة :

١ - يجب أن يكون هنالك حقل من حقول الدراسة المعترف به والمتخصص فيه

٢ - يجب أن يكون هنالك تدريب محدد ومنظم ولمدة من الزمن . مثل (النقابة)

٣ - أن يكون هنالك جماعات مهنية ينضموا إلى أصحاب هذه المهنة.

٤ - أن يكون هنالك أهداف اجتماعية وأهداف للنمو والتوسع لخدمة المجتمع ونشاطات يقومون بها مثال (النوادي).

٥ - وجود قانون اخلاقي يلتزم به الموظفين للمهنة مثل إحترام الدستور وإحترام القانون.

وظائف الموظفين المختلفة هي :-

١ - مدير شؤون الموظفين.

٢ - موظف مكتب.

٣ - مديرعلاقات الموظفين.

٤ - مدير التطوير الإداري.

٥ - التدريب وأستشارات التطوير.

٦ - المدير المتطوع والمختار.

٧ - تخطيط شؤون الموظفين.

٨ - أستشارات تطوير المنظمة.

٩ - موظف السلامة والأمان.

١٠ - فلسفة إدارة الموظفين.

١١ - مدير الشؤون الإدارية.

الفصل الثاني : تخطيط الموارد البشرية والوظائف

- تمهيد

- دور عملية التخطيط

- أوجه أستخدام تخطيط الموارد البشرية

- نموذج تخطيط دائرة الموارد البشرية

- تحليل البيئة

- تحديد مستقبل دائرة الموارد البشرية

- تحليل الوضع الحالي للمنظمة

تخطيط الأفراد والوظائف

Planning Jobs and People

تمهيد

أشار (Henry Mintzberg) علم ١٩٩٤ أن الرؤى التنظيمية (visions) هي أكثر الإستراتيجيات التنظيمية نجاحاً وليست الخطط التنظيمية (plans) ولقد أشار ايضاً إلى أن عملية تخطيط الموارد البشرية تتعرض دائماً لانتقادات وأسئلة حول المنشأ ومشاكل التطبيق , وسوف نعرض في هذا الفصل عملية تخطيط الموارد البشرية ودورها وأهميتها في زيادة فعالية المنظمة ورفع أدائها.

دور عملية التخطيط :

أشار (Mintzberg) إلى دور عملية التخطيط يتجلى في برمجة الرؤية الإستراتيجية وتزويد المعلومات اللأزمة لتطبيق وإنجاز هذه الرؤية ويمكن توضيح الرؤية الإستراتيجية لدائرة الموارد البشرية والتخطيط الإستراتيجي في الشكل التالي:

التخطيط الإستراتيجي		الرؤية الإستراتيجية		التخطيط الإستراتيجي
برمجية رؤية وأهداف	↔	تعريف الرؤية حول	↔	تزويد دائرة
دائرة الموارد البشرية وخططها		مستقبل المنظمة ودائرة		الموارد البشرية
		الموارد البشرية		بالبيانات والافكار
				وحلول المشاكل.

ويلعب التخطيط العديد من الادوار منها :

١ - التخطيط كأداة تساعد على برمجة الإستراتيجة التنظيمية :

لا يساعد التخطيط على توليد الإستراتيجيات ولكنه يساعد على جعل هذه الإستراتيجيات قابلة للتطبيق والعمل من خلال توضيحها وتحديد ظروف التطبيق وتحديد الأمور اللأزمة لأنجاز وتحقيق كل إستراتيجية على حده.

٢ - التخطيط كأداة تساعد على التوصيل والضبط :

يساعد التخطيط على تأكيد التنسيق والدمج في العمليات وتشجيع كل فرد على التنظيم على التوجه في نفس الأتجاه الإستراتيجي.

٣ - التخطيط يساعد على التحليل :

يحتاج الشخص المخطط إلى تحليل البيانات والمعلومات الصعبة والمعقدة سواء كانت خارجية أو داخلية والتي يستطيع المدراء الاستفادة منها خلال عملية تطوير الإستراتيجية.

٤ - التخطيط يستخدم كأداة للتحفيز :

يستطيع المخطط تحفيز المدراء على التفكير ومواصلة تطبيق وتطوير الإستراتيجية من خلال حل المشاكل التي تواجه التطبيق والإجابة عن الأسئلة الصعبة التي تواجه هؤلاء المدراء.

وبالتالبي نستطيع التوصل إلى أن المخططين سواء كانوا مخططون تنظيميون أو مخططون مختصون بدائرة الموارد البشرية لديهم اسهام في تنفيذ الرؤية والخطة الإستراتيجية.

أوجه أستخدام تخطيط الموارد البشرية :

تدور الأهتمامات المتعلقة بأمكانية وضع خطط وإستراتيجيات متعلقة بدائرة الموارد البشرية حول بعض الأمور مثل :

١ - طبيعة دائرة الموارد البشرية.

٢ - طبيعة البيئة التي تتعامل معها دائرة الموارد البشرية.

٣ - درجة صعوبة تطبيق خطط دائرة الموارد البشرية.

ويعود الفرق بين كل من عملية وضع رؤية تنظيمية أو وضع خطة تنظيمية إلى البيئة التي تتعامل معها المنظمة في البيئة المعقدة والمتغيرة والكثيرة الشكوك يكون التشويه فيها على عملية وضع رؤية تنظيمية (التخيل والتصور) وعكس ذلك ومع حالة قلة الشكوك في البيئة تلجأ المنظمة إلى عملية التخطيط ومع ذلك تحتاج المنظمة إلى وضع خطط مرنة يسهل مراجعتها بشكل متكرر وعدم وضع خطة واعتبارها نهاية لعملية التخطيط.

ويجب عدم اعتبار التخطيط عملية منعزلة بل يجب اعتبارها عملية دائمة تحتاج إلى تقييم ومراجعة مستمرة واعادة تعديل واعادة تحديث (Bell ١٩٨٤) ورغم الصعوبات والمشاكل التي تواجهها عملية التخطيط يقترح (Manzini ١٩٨٤) أن عملية التخطيط تساعد المنظمة على الوصول إلى الهدف المحدد بشكل أقرب من عدم التخطيط ففي كلتا الحالتين قد لاتصل المنظمة إلى الموارد أن الهدف المحدد ولكنها ستكون أقرب لهذا الهدف إذا قامت بالتخطيط.

ويجب أن تستعين المنظمة خلال قيامها بوضع الخطط بمدراء ومختصين في دائرة الموارد البشرية ويعود ذلك إلى خبرة هؤلاء المختصين وخصوصاً في شؤون الأفراد والذين يقع على عاتقهم مسؤولية التطبيق.

نموذج لتخطيط دائرة الموارد البشرية :

يجب أن تقوم المنظمة بدمج وأدراج عدد ومهارات وسلوك الموظفين وثقافة وهيكل المنظمة والأنظمة الرسمية وغير الرسمية ونشاطات الموظفين في عمليات ونشاطات التخطيط وذلك لأن جميع هذه الأوجه تعتبر مهمة وتساعده

المنظمة على برمجة تصور المنظمة وتحقيق هذا التصور . ويعتمد كل وجه من هذه الأوجه على الأجر ويرتبط كل منها بالآخر . (Ulrich ١٩٨٩)

وتختلف المنظمات عن بعضها البعض في درجة التشديد على هذه الأوجه فقد تقوم منظمة ما بتخطيط جميع هذه الأوجه كل على حده وتقوم أخرى بتخطيط بعض هذه الأوجه مثل : أنظمة الموارد البشرية والتي كانت تركز على أعداد الموظفين ونوع ومستوى مهارته في المنظمة فقط.

كما يوضح الشكل (٢,٤) ص ٦٦ من النموذج حيث يشدد هذا النموذج (١) على الموازنة ما بين العدد المطلوب من العمال وتدفق الأيدي العاملة ويهدف ذلك إلى أن المنظمة تريد التأكد من وضع العدد المناسب من العمال المناسبين والكفؤين في المكان المناسب وفي الوقت المناسب وتتأثر حاجة الطلب على الموظفين ببعض العوامل مثل : الإستراتيجيات الموضوعة وأهدافها وغاياتها بالاضافة إلى تأثيرها بالبيئة وطرق التوظيف.

وتقوم الشركة بتقدير حاجاتها من الموظفين بناءاً على عمليات حسابية لعدد العمال الذين يريدون مغادرة الشركة , عدد المتقاعدين , وغيرها وبناءً على مدى توفر المهارات المطلوبة واللأزمة في سوق العمل.

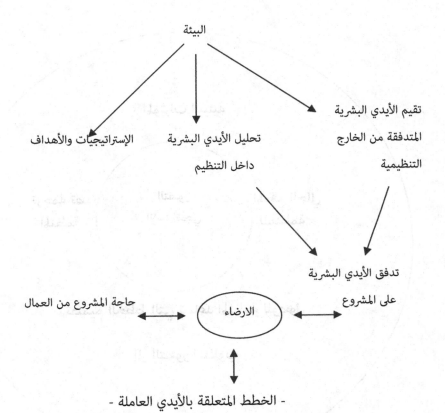

البيئة
تقيم الأيدي البشرية المتدفقة من الخارج التنظيمية
تحليل الأيدي البشرية داخل التنظيم
الإستراتيجيات والأهداف
تدفق الأيدي البشرية على المشروع
الارضاء
حاجة المشروع من العمال

- الخطط المتعلقة بالأيدي العاملة -

وسوف نقوم في هذا الفصل بأستخدام نموذج (٢) يركز على جميع أوجه التخطيط التي ذكرناها سابقاً بما فيها السلوك والثقافة والأنظمة وغيرها ويحدد النموذج الذي سوف تستخدمه الموقع الذي ترغب الوصول إليه (تصور المنظمة) بالأضافة إلى تحديد الموقع الحالي للمنظمة وما هي الأمور اللأزمة والتي تؤدي إلى وصولنا لهذا الوضع كما يوضح الشكل القادم .

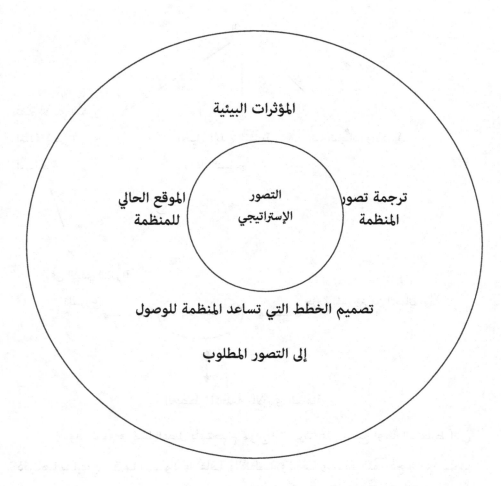

المؤثرات البيئية

الموقع الحالي للمنظمة | التصور الإستراتيجي | ترجمة تصور المنظمة

تصميم الخطط التي تساعد المنظمة للوصول

إلى التصور المطلوب

تحليل البيئة : environment analysis

ويقصد بالبيئة الجو والمحيط الذي تتعامل معه المنظمة وتهدف هـذه العمليـة إلى معرفة تأثير البيئة عـلى كـل مـن المنظمـة ودائـرة المـوارد البشريـة وبالتـالي يجـب أن تمتـاز الإستراتيجية الموضوعة بقابلية وسرعة التكيف مع البيئة الخارجيـة ومـن الأمثلـة عـلى ذلـك معرفة حاجات وطلبات الزبائن أو إقناع الزبائن بالسلع (المنتجات الجديدة).

وبكلمات أخرى تحتاج المنظمة إلى تحديد مدى الصعوبة أو السهولة التي سوف تواجهها للحصول على الموظفين ذوي مهارات وكفاءات نادرة وكيفية قيام المنظمة بجذب هذا النوع من الموظفين وتعود هذه الوظيفة بشكل رئيسي- إلى دائرة الموارد البشرية وتستطيع المنظمة الحصول على المعلومات المتعلقة بالبيئة من أكثر من مصدر ومن الأمثلة على ذلك (التقارير السنوية شبكة الأنترنت , الندوات والمؤتمرات , الدورات).

ويبين جدول (١,٤) ص ٦٧ بعض هذه المصادر بحيث تم تقسيمها كالآتي:

١ - مصادر اجتماعية مثل : وسائل الأعلام , والجرائد المحلية.

٢ - مصادر ديموغرافية , مثل : المجالس المحلية , سوق العمل.

٣ - مصادر سياسية وشرعية , مثل : الأخبار , البرلمان , مجلة القانون الصناعي.

٤ - مصادر صناعية وتكنولوجية : مثل مجلات متخصصة في الصناعة, منظمة التجارة , الأنترنت.

٥ - مصادر من المنافسين مثل : التقارير السنوية , التحدث مع المنافسين.

وتهدف عملية اكتساب وجمع المعلومات حول البيئة إلى تكوين خريطة لهذه البيئة بحيث تعرض هذه الخريطة الوقت في المستقبل (بعد ٣ سنوات) ووضع الكاتب لهذه الخريطة على (شكل عجل دائري) بحيث يمثل المركز الهدف الأساسي للمنظمة والذي يعود تطبيقه إلى الموظفين ونستطيع أن نصنع الغايات والإستراتيجيات المستقبلية المحتملة في المركز بدلاً من الهدف الأساسي للمنظمة وتشكل المساحة الفارغة في الدائرة العوامل القادمة من البيئة الخارجية والتي تؤثر على إنجاز وتحقيق أهداف وغايات المنظمة ومن الأمثلة على هذه العوامل :

(الموظفين المحتملين , المنافسون المحليون , المنافسون العالميون , الأجهزة والأنظمة الحكومية , الزبائن و الحكومة) . ويدرج في هذه المساحات الفارغة أهم العوامل :

المؤثرات الموجودة على البيئة الخارجية

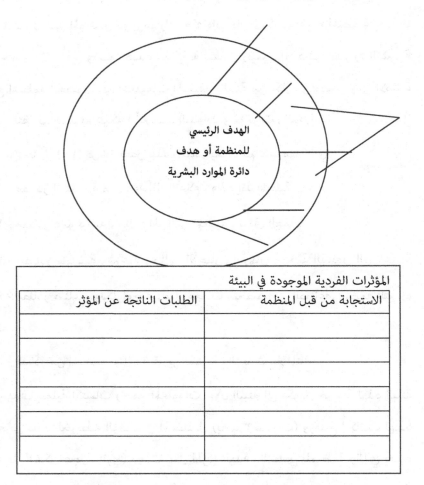

الهدف الرئيسي
للمنظمة أو هدف
دائرة الموارد البشرية

المؤثرات الفردية الموجودة في البيئة

الطلبات الناتجة عن المؤثر	الاستجابة من قبل المنظمة

ويمكن تحليل البيئة الخارجية من خلال طرح اسئلة حول الطلبات والحاجـات التـي
سوف تواجهها المنظمة وكيفية قيام المنظمة بالاستجابة لهذه

الحاجات من أجل تحقيق وإنجاز أهدافها , ومن الأجابة على هذه الاسئلة تستطيع المنظمة اشتقاق واستنباط النشاطات الأساسية لدائرة الموارد البشرية ومن الامثلة على ذلك:

تستطيع المنظمة تحديد حاجات الموظفين من خلال اجابات هؤلاء الموظفين وتوجيهاتهم والتي قد تكون كما يكي :

شكل (٤،٤) ص ٦٧ :

١ - نحتاج إلى المرونة في العمل.

٢ - تحتاج إلى المعاملة الجيدة وعدم معاملتنا كالآت بل كبشر.

٣ - نحتاج إلى التدريب الجيد.

٤ - نحتاج إلى معرفة تقييمنا من قبل المنظمة أولاً بأول.

وبالتالي يستطيع المدراء تحديد الأمور والحاجات التي يحتاجها الموظفين لتحقيق وإنجاز أهداف المنظمة واستراتيجياتها.

تحديد مستقبل دائرة الموارد البشرية :

سوف نقوم بدراسة وتحديد مستقبل الموارد البشرية من خلال استخدام المصطلحات التلية :

١ - الثقافة والسلوك التنظيمي :

يوجد هناك القليل من أدب المواضيع المتعلقة بالطرق المستخدمة في ترجمة الأهداف والغايات الأستراتيجية للمنظمة والمؤثرات البيئية إلى أهداف لدائرة الموارد البشرية وذلك بسبب أن هذه العملية في السابق كانت تعتمد بشكل رئيسي- على الحكم والرأي الأداري وبالتالي نستطيع وصف هذه العملية بأنها عملية تصور ووضع رؤية للمنظمة وليس عملية تخطيط وبهذا تحتاج المنظمات في الوقت إستخدام مصطلح (Brainstorming) (عصف الأفكار)

بالإضافة إلى القوائم والتقارير المنظمة لتشجيع عمليات التحليل والتخطيط في المنظمة في بادىء الأمر من ثم وضع التصور والرؤية المطلوب تحقيقها.

٢ - عدد ومهارات العمال :

يوجد هناك العديد من الممارسات السابقة حول هذا الموضوع (التنبؤ بحاجات وعدد العمال) وتؤسس هـذه العمليـة بشـكل رئيسي ـ وبنـاء عـلى الأهـداف الإستراتيجية للمنظمة وتستخدم كل الطرق الموضوعية والمتحيزة للتنبؤ بحاجـات وأعـداد ومهارات الموظفين وسوف نقوم بدراسة هذه الطرق كل على حده .

١ - الطرق الموضوعية (Objective Methods) :

أ - الطرق الأحصائية :

تعتمد بعض الطرق الأحصائية على الافتراض السائد بأن الوضع المستقبلي للمنظمـة سوف يكون فيه بعض الاستمرارية للماضي وتهدف هـذه العمليـة إلى توضيـح الأثـر الـذي سوف ينتج لو قمنا بعملية الاستمرار بتطبيق الماضي وتعتبر هذه الطرق نادرة الاستخدام في الوقت الحالي كما أنها تعتبر غير ملائمة في المحيط الحالي والذي يمتاز بسرعة التغير والتعقيد.

ويوجد هناك طرق احصائية اخرى مستخدمة تقوم على أساس التنبؤ بعدد العاملين بناءً على بعض الظروف البيئية والتنظيمية المحددة وتهدف هـذه العمليـة إلى حسـاب الحاجة وعدد العمال بناءاً على حجم النشاطات التنظيمية الموجودة وقد تأخذ المنظمة هنا بعض المؤثرات والعوامل بعين الاعتبار مثل : الأنتاج , المبيعات , مستوى الخدمة.

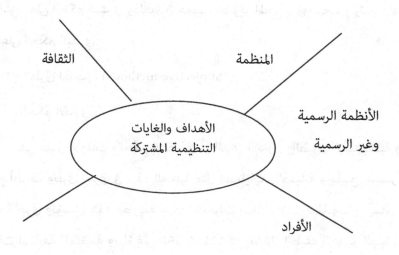

الأهداف المشتركة الإستراتيجية

(Strategic brainstorming exercise)

الثقافة   المنظمة

الأنظمة الرسمية
وغير الرسمية

الأهداف والغايات
التنظيمية المشتركة

الأفراد

يقوم المدراء بتحديد الهدف المشترك للمنظمة في المركز وبعـد ذلـك البـدء بتشجيع إجراء التغييرات والتعديلات اللازم إجراءها في الـ (٤) مناطق (الأنظمة , الثقافـة , المنظمـة , الأفراد).

ب - دراسة العمل (Work study) :

تؤسس هذه الطريقة على دراسة الوقت وتحليل العمل لتحديد عـدد سـاعات العمل المطلوب لكل وحدة تنظيمية لإنجاز وتحقيق مستوى معين من الإنتاج.

وتقوم المنظمة أيضاً بتطوير معـايير لتحديـد اعـداد ومسـتويات المـوظفين اللازمـه لإنجاز المهام والأعمال عمال تستخدم هذه المعايير بشكل رئيسي في قسم الإنتاج ومن المهـم أيضاً فحص ومراجعة هذه المعايير بشكل منتظم

للتأكد من استمرار تطابقها وملائمتها للمنظمة ويقترح (Verhoven ١٩٨٢) أن هذه العملية تميل لان تكون من الطرق المتحيزة وليست الطرق الموضوعية وذلك لانها تعتمد بعض الشيء على الحكم البشري وذلك لأن عملية تطوير المعايير ووضعها وترتيب المهام تعتمد على الحكم البشري.

٢ - الطرق المتحيزة (Supjective methods) :

أ - الحكم الأداري :

وسمي بعض الأوقات بالحكم التنفيذي أو الراي الإداري والطرق الإستنباطية وقد استخدم أطراف وطرق أخرى في هذه العملية مثل العمليات والصيانة وجميع المستويات الإدارية الأخرى وتؤسس هذه الطريقة على تقديرات المدراء لاعداد الموظفين بناءً على الممارسات السابقة للمنظمة وبناءً على الخطط المشتركة وتشترك الطبقة الإدارية العليا بهذه الطريقة بشكل رئيسي وقد يشارك المدراء في المستويات الأخرى في هذه العملية.

إن استخدام هذه الطريقة بولد صعوبات ومشاكل وخصوصاً خلال التوافق والتعامل مع التغيرات الحالية والتي قد تختلف بشكل تام عن الممارسات والخبرات السابقة بالإضافة إلى قلة دقة هذه الطريقة بالمقارنة مع الطرق الإحصائية ولكنها الأكثر شمولاً.

وتعتبر هذه الطريقة بسيطة وسريعة التطبيق ولاتحتاج إلى معلومات وبيانات كثيرة وخصوصاً البيانات التاريخية كما هو الحال بالطريقة الإحصائية.

ب - (تقينة دولقي) Delphi Technique :

تعتبر هذه الطريقة من الطرق المتخصصة والتي تهدف إلى جمع الآراء الإدارية بناءً على أسلوب Delphi ويتجلى مبدأ هذه الطريقة في جمع عدد من المدراء وطرح اسئلة عليهم وهنا يقوم المدراء بالإجابة على هذه الاسئلة بشكل مستقل وتكون هذه الاسئلة متعلقة بحاجة المنظمة من الموظفين وبعد ذلك يزود

تغذية راجعة لإجابة كل مدير وهكذا تستمر الاسئلة والأجابات والتغذية الراجعـة لحـين تغطيـة جميع الأجوبة والوصول إلى قرار وبناءً على الدراسات التجريبية تبـين أن هـذه الطريقـة قليلـة الإستخدام في الوقت الحاضر.

جـ : Changing employee utilization منفعة تغيير الموظفين

ويختلف الكتاب في تحديد أسـلوب اسـتخدام المـوظفين بحيـث يـرى البعـض أن هـذه العملية مهمة ويجب الحذر خلال تحديدها في حين يرى البعض الآخـر مـن الكتـاب أن هـذه العملية غير مهمة , ويوجد هناك العديد مـن الطـرق التـي تسـعد عـلى تغييـر وتعـديل طـرق إستخدام الموظفين وهي كما يلي :

١ - تزويد الموظف بمعدات وآلات جديدة وخصوصاً التكنولوجيا المتقدمة.

٢ - إحداث تغييرات في عمل المنظمة مثل :

أ - دوائر الجودة.

ب - دورات العمل.

ت - توسيع الوظائف.

ث - العمل الجماعي.

جـ - المشاركة والتواصل.

٣ - التطوير التنظيمي .

٤ - إحداث تغييرات في الهيكل التنظيمي مثل :

أ - المركزية واللامركزية.

ب - حواجز تنظيمية جديدة.

ت - إعادة ترتيب وتقسيم المنظمة.

ث - تكوين هياكل مشاريع مرنة.

٥ - زيادة وتوسيع مفهوم الانتاجية وزيادة انظمة الحوافز والمكافآت .

٦ - تشجيع المرونة في التنظيم.

٧ - الانتباه إلى وقت وفترات العمل وجعلها أككثر ملائمة.

٨ - تقييم وتدريب افرقة العمل.

٩ - التطوير الإداري واستخدام إدارة الأداء.

تحليل الوضع الحالي للمنظمة :

١ - تحليل المنظمة / السلوك التنظيمي / الثقافة التنظيمية :

تستخدم المنظمة خلال عملية التحليل الاستبيانات ووسائل المقابلات والحكم الإداري ويستخدم أيضا جماعات التركيز (Focus groups) بحيث يقوم المدير التنفيذي (بمقابلة عدد من الموظفين وممثلي الأقسام التنظيمية) (٢٠ شخص) لمناقشة وجهات نظرهم حول نقاط القوة والضعف في المنظمة والأمور اللازم إتخاذها لتحسين عمليات ونشاطات الشركة , ويمكن استخدام هذه الطريقة لتزويد المعلومات اللازمه حول :

١ - تحفيز الموظفين.

٢ - الرضا الوظيفي.

٣ - الثقافة التنظيمية.

٤ - طرق إدارة الأفراد.

٥ - العدالة والمساواة في الفرص الوظيفية.

٦ - الإلتزام والإنتماء التنظيمي من قبل الموظفين.

٧ - توضيح وشرح الأهداف والغايات التنظيمية.

٨ - التركيز على انجاز الأهداف وتطبيق السلوك المطلوب.

٩ - حل المشاكل التنظيمية.

١٠ - تحديد الأمور اللأزمة لتحسين المنظمة ونشاطاتها وادئها.

١١ - زيادة قوة المنظمة.

وتستخدم في هذه الطريقة بعض الأمور الأخرى مثل المعلومات المتعلقة بالإدارة واجة التوظيف والتحفيز وسمات الموظفين وجمع البيانات المتعلقة بالأنظمة الرسمية والغير رسمية ومعلومات على الهيكل التنظيمي.

وتقوم المنظمة بجمع المعلومات من مصادر أخرى خارجية مثل الزبائن وذلك لانهم يشكلون جزءا من البيئة التنظيمية.

٢ - التحليل الاحصائي Statisticatanalysis :

تشمل عملية التحليل على جمع البيانات المتعلقة حول عدد الموظفين وتصنيفهم حسب الوظائف والاقسام والمسمى الوظيفي والمهارات والمؤهلات والتدريبات والأعمال وطول حدة الخدمة ونتائج تقييم إدائهم.

وتأخذ عملية التنبؤ بحجم عدد الأيدي العاملة الحالية للمنظمة وخصوصا المغادرين والتنقلات الداخلية.

ويجب على المنظمة خلال قيامها بعملية التنبؤ بعدد الأيدي العاملة اللأزمة للتحقيق باسباب مغادرة الموظفين للمنظمة والمعايير التي تبنى عليها عملية التحفيز والتنقلات الداخلية وقد يكون سبب مغادرة الموظفين للمنظمة عائدا إلى التغيرات في ظروف العمل وسياسات شؤون الأفراد.

ويمكن تقسيم تقنيات التحليل الإحصائي إلى جزئين كما يلي :

١ - تحليل نسبة الأيدي العاملة التي تغادر المنظمة.

٢ - تحليل التنقلات والحركات الداخلية للموظفين.

٣ - تحليل نسبة الأيدي العاملة التي تغادر المنظمة :

أ - التقرير السنوي للأيدي العاملةِ Annual labour turnover index

ويطلق على هذه العملية في بعض الأوقات بالنسبة المئوية لمعدل فقدان الأيدي العاملة
وهي ابسط نموذج لحساب الأيدي العاملة التي تغادر المنظمة خلال السنة بالمقارنة مع العدد
الكلي للموظفين في المنظمة ويمكن حسابها كما يلي :

نسبة مغادرة الموظفين =   عدد المغادرين في السنة × ١٠٠
                        ────────────────────────
                           معدل عدد الموظفين في المنظمة

انتقد هذا النموذج وذلك لانه يزود المنظمة بعدد محصور من المعلومات بالإضافة إلى
أن هذا النموذج لا يأخذ بعين الأعتبار طول مدة الخدمة لدى الموظف التي تمتلك تأثيراً أيجابياً
على سبب ترك الموظف للمنظمة.

ب - معدل الثبات Stability index :

وتقيس هذه الطريقة فترة ومعدل ثبات وبقاء الموظف في المنطقة ويمكن قياس هذا
المعدل من خلال معدل الثبات =   وقت الخدمة   × ١٠٠
                            ─────────────────
                            عدد الموظفين في المنطقة

يهمل هذا النموذج الإعداد الإضافية للموظفين والذين يلتحقوا بالمنظمة خلال
السنة بالإضافة إلى إهتمامه المحدود بطول الخدمة التنظيمية.

جـ - (تحليل Cohort) :

يتضمن هذا التحليل تحديد الأمور التي تجري في المنظمة وخصوصا عدد المغادرين
وعدد الأفراد ذوي الصفات والسمات المتشابهة والذين يلتحقوا بالمنظمة في نفس الوقت مثل
خريجو الكليات والجامعات والذين يعتبرون نموذجا ملائماً لهذا التحليل وينتج عن هذا
التحليل مخطط يوضح الأمور التي تحدث لهؤلاء الأفراد ويكون المخطط في العادة على شكل
منحني.

ومن مساوىء هذه الطريقة لانستطيع استخدامها مع جماعات الموظفين الأخرى والذين تحتاج في الأصل إلى تحليلهم بالإضافة إلى طول الوقت اللأزم لجمع المعلومات وعدم توفر المعلومات بعض الأوقات وعدم صحة هذه المعلومات في أوقات أخرى.

د - Census method طريقة التعدد :

تتضمن هذه الطريقة تحليل وحساب عدد الموظفين الذين يغادرون المنظمة خلال فترة زمنية قصيرة تكون العادة سنة واحدة وبعد ذلك توضع عدد سنوات الخدمة التي اكملها هذا الموظف على شكل (Nistogram) كما يوضح الشكل (٤٠٧) ص ٧٥ .

هـ - Half - Life نصف العمر (التحليل المقدرة) :

تعتبر هذه الطريقة مختصرة عن تحليل **Cohort** وتساعد على المقارنة ما بين الجماعات التنظيمية المختلفة.

و - Retention profile (تقسيم الموظفين) :

تقسيم الموظفين الذين يبقوا في المنظمة ووضعهم في جماعات اعتمادا على السنة التي انضموا فيها إلى المنظمة ومن ثم تحسب النسبة المئوية لكل جماعة بالمقارنة مع العدد الكلي للأفراد الذين انضموا للمنظمة خلال نفس السنة.

٢ - تحليل التنقلات الداخلية :

ويعتبر تحليل (Stocks and flows) من ابسط الطرق وأكثرها شبها حيث تهدف هذه الطريقة إلى تحليل المنظمة ككل أو جزء منها مثل الأقسام التنظيمية ويوضح هذا النموذج هيدراكية الوظائف التنظيمية في كل قسم وعدد التنقلات بين الأقسام والمنظمة ككل ويوضح الشكل (٤،٨) نموذجا لهذا التحليل.

٣ - تحليل الأفراد Lunman/and lysis :

وهـو عبـارة عـن جمـع المعلومـات المتعلقـة بـالأفراد ووظـائفهم وتـنقلاتهم داخـل المنظمة ويستخدم في هذه العملية عمليات التخطيط للوظائف والشخص المحتمـل لاسـتلام هذه الوظيفة لاحقا وهكذا كما يبين الشكل (٤٠٩) ص ٧٨.

وتهدف عملية التخطـيط المتتـابع إلى إختيـار الأفراد القـادرون والمؤهلـون لاسـتلام المناصب المهمة أو المناصب التي قد تكون شاغرة بعد فترة زمنية محـددة , ويكـون التركيـز وأضحا على حاجـات المنظمـة وتحديـد الأشـخاص المحتملـين للعمـل في المواقـع والوظـائف المهمة في الشركة بعد فترة محددة ويجدر بالذكر الموظف في هـذه الحالـة لا يعلـم إذا كـان اسمه مدرجا في عملية التخطيط والتنقلات.

ولقد اشـار (walker ١٩٩٢) الفـرق مـا بـين التخطـيط المتتـابع وتخطـيط التـنقلات والاستبدال Replacemant planning وكما يلي يمتاز Replaaceement planning بما يـلي :

١ - طريقة غير رسمية مؤسسة على المعرفة الشخصية للمرشحين المحتملين.

٢ - لايتضمن التحديات والمشاكل والعوائق التي تواجه الوظائف وهو قصير الامد.

٣ - يركز على التحركات العامودية.

ويشد Waler بان التخطيط المتتابع يسـاعد عـلى تخطـي هـذه المشـاكل والعيـوب بالاضافة إلى أن التخطيط المتتابع يمتاز بالنظامية وطـول الامـد وتحليـل حاجـات الوظـائف المستقبلية ويبين نقاط القوة والضعف المتعلق بهذه الوظائف وبالتالي يكون هدفة الرئيسي- تطوير موظفين لديهم القدرة على مواجهة التحديات المستقبلية.

	الشخص الجاهز لشغل الوظيفة مستقبلا	الشخص الجاهز لشغل الوظيفة قريبا	الشخص الجاهز حاليا لشغل الوظيفة	شاغل الوظيفة الحالي
مدير التسويق				
مدير التطوير				
مدير البحث				
مدير المعلومات				

الفصل الثالث : إستراتيجية إدارة الموارد البشرية

- تعريف إستراتيجية إدارة الموارد البشرية

- الخطوات الأساسية المطلوبة لنجاح إستراتيجية البشر

- النماذج الأساسية لإستراتيجية إدارة الموارد البشرية

- دور إدارة الموارد البشرية كمشارك إستراتيجي

- الدور الإستراتيجي لمدير إدارة الموارد البشرية

- دور الموارد البشرية في وضع الإستراتيجيات

- التخطيط والتوجيه الإستراتيجيان

- نماذج إستراتيجية الموارد البشرية في اي منظمة

- الأساس التوجيهي للإستراتيجية

إستراتيجية إدارة الموارد البشرية :

تعريفها :

وهي عبارة عن الربط بين إدارة الموارد البشرية مع الأهداف والغايات الإستراتيجية لتحسين أداء الأعمال وتطوير الثقافة التنظيمية , وذلك لزيادة الإبداع والمرونة.

وإن هذه الإستراتيجية تعمل على تزويد المنظمة في إطار نظري عام يساعدها في صنع القرارات الإدارية المتعلقة بأنشطة إدارة الموارد البشرية , مثل: قرارات التدريب والتعيين والاختيار , وبالتالي لابد من زيادة التنافس بين العاملين وتحسين سلوكهم من أجل تنفيذ إستراتيجية المنظمة , وتحقيق أهدافها : حيث أنه من المعروف أن مثل هذه الإستراتيجيات - خصوصا الخاصة بقرار التعيين - تعتبر من أخطر القرارات التي يتخذها المدير , لأنه إذا كان القرار خاطىء فإنه يصعب على الإدارة التراجع أو الامتناع عنه بسهولة.

إن الإستراتيجيات التي تضعها المؤسسات تهدف بالحقيقة إلى تنبؤ ودراسة الأسواق العاملة فيها , كما إلى تشغيل مواردها المتوفرة فيها , وجني المزيد من النتائج الجيدة . هذه الإستراتيجيات تكون عادة على شكل خطط مدروسة توزع على الأفراد من قبل مدراء القمة الإدارية ويطلب إليهم العمل على تحقيق برامجها أو مضامينها بما يكفل تحقيق أهداف المؤسسة فمشاركة إدارة الموارد البشرية في التنبؤ والدراسة أصبحت واقعا قائما بذاته, خاصة إذا أخذنا بعين الاعتبار الازدياد المستمر لعدد العاملين في المؤسسات , وخاصة الخدماتية منها يرافق ذلك من تعدد في النشاطات والمسؤوليات المنوطة بإدارة الأفراد وبما يتناسب وذلك مع توفير أقصى الخدمات الممكنة لطالبيها والمستفيدين من نوعيتها وتنوعها.

إذن لايمكن الفصل بين نوعية الإستراتيجيات وتأثير ذلك على فاعلية موارد المؤسسات البشرية , لأن مشاركة الأفراد في إيصال الإستراتيجيات إلى أهدافها ضرورة حتمية , إذ بدون المشاركة يفقد جمهور المستفيدين من وجود إدارة الموارد البشرية كثيرا من خدماتها , كما تفقد المؤسسات كثيراً من خططها.

ويرى مدير عام مؤسسة (دراك بيم مورين) للدراسات الاستشارية أن من بين الفرضيات المعروفة هو أنه بحلول العام ٢٠٠٥ , فإن قطاع الخدمات سوف يضم حوالي نصف الوظائف الجديدة ونصف مراكز الأرباح , وهذا برأيه يستدعي مدير إدارة الموارد البشرية أن يكون شريكا كاملاً لمدير العمليات التنفيذي , وغيره من المدراء في وضع الخطط والإستراتيجيات القادرة على مساعدة المؤسسة على مواجهة تحدي القرن المقبل . وفي هذا السياق يطلب مورين من المؤسسات أن تخلق إستراتيجية خاصة بالموارد البشرية ذات صلة وثيقة بإستراتيجيتين معروفتين , هما : إستراتيجية العمل, وإستراتيجية التغيير , لأن وجود الإستراتيجيات الثلاث يعزز من دور وفاعلية المؤسسات بما يضمن تحقيق أهدافهم , أما الخطوتان الأساسيتان المطلوبتان لنجاح إستراتيجية البشر , فهما الإتيتان:

١ - تحديد مشاكل الأفراد.

٢ - وضع وتطوير الخطط لحل هذه المشكلة.

فالخطوة الأولى : تستدعي من مدراء الموارد البشرية أن يتهيأوا عدة وعددا لهدم الفجوات الحاصلة بين السلوك وإمكانيات الأفراد الحاليين , وبين تلك القدرات التي يمكن أن تطلبها المؤسسات مستقبلياً من بين الأسئلة التي تواجه هؤلاء المدراء ما يلي :

- هل يرى الأفراد مهنتهم تلتقى مع توجهات إستراتيجية العمل المطروحة من قبل المؤسسة؟

- هل يرى الأفراد القيم التي يؤمنون بها تلتقى مع محيط وثقافة المؤسسة؟

- هل أن مهاراتهم وقدراتهم تدعم وتفي بجميع حاجات المؤسسة؟

أما الخطوة الثانية : فتقتضي بوضع الأسس الكفيلة بالتخلص بالفجوات المذكورة أعلاه , وهذا يستلزم حرص المؤسسات على أن تحظى باخلاص وولاء الأفراد ووضع الإستراتيجية الخاصة بهم , والتي تشدد على أن يعطي الأفراد نفس القيم التي تعطيها المؤسسات لمواردها الأخرى.

من هنا نشدد بدورنا على أهمية الموارد البشرية , ونرى بأن الاستبداد البشري أشد قوة من الاستبداد على أساس إستراتيجية العمل , وإستراتيجية التغيير , لأن نجاح هاتين الإستراتيجيتين الأخيرتين رهن بدعم وثبات إستراتيجية الموارد البشرية لهما , إذ أنه لا نجاح للإستراتيجيات الأخرى بدون موارد بشرية.

النماذج الأساسية لإستراتيجية إدارة الموارد البشرية :

ظهرت هذه النماذج بشكل متزايد منذ عام ١٩٨٤ , وزودتنا بأدوات تحليلية تساعد على فهم كيفية تطوير إستراتيجية الموارد البشرية وكيفية تكون إستراتيجيات مناسبة , وسوف نقوم بعرض مختصر لهذه النماذج والتي تتمثل في:

١ - نموذج (فومبرن , وتشي) وقد زودنا فمبرن بإطار نظري يوضح هذا النموذج , حيث وضح العلاقات المتبادلة وموقع إستراتيجية الموارد البشرية من الإستراتيجية التنظيمية . وهذا النموذج قريب من نموذج فت (Fit) والتي تدعم بدورها تطبيق إستراتيجية المنظمة.

ويعتبر هـذا النمـوذج مهـماً لأنـه يسـاعدنا عـلى معرفـة أهميـة الاختيـار والتقيـيم
والتطوير ومكافئة العاملين بزيادة إنتاجية الموظف وأداءه الوظيفي . كما في الشكل

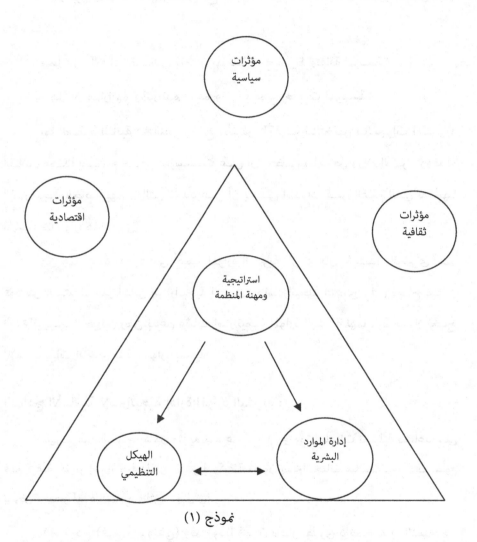

مؤثرات
سياسية

مؤثرات
اقتصادية

مؤثرات
ثقافية

استراتيجية
ومهنة المنظمة

إدارة الموارد
البشرية

الهيكل
التنظيمي

نموذج (١)

وقد تم (إنتقاد هذا النموذج) بسبب درجة إعتماديته وتكوين إسـتراتيجية عقلانيـة
أكبر من عملية تكوين إستراتيجية فعالة وتحقق الأداء

وإنتاجية عالية , وتم انتقاده أيضاً لوجود علاقة ذات الإتجاه الواحد مع الإستراتيجية التنظيمية ولعدم اعترافه وأخذه لإهتمامات وخيارات الموظفين.

نموذج (هارفارد Harvard) ويعود هذا النموذج إلى كل من (والتون وميلز ولورنس وسبيدر وبير , ١٩٨٤) , وتم تطبيق هذا النموذج بسرعة في المملكة المتحدة , ويأخذ هذا النموذج بعين الإعتبار تأثير اهتمامات ومصالح المساهمين في الشركة على سلوك الموظفين وأدائهم , بالإضافة إلى إعطاء أهمية وتشديداً أكبر للبيئة والتي تساعد على تكوين إستراتيجية الموارد البشرية.

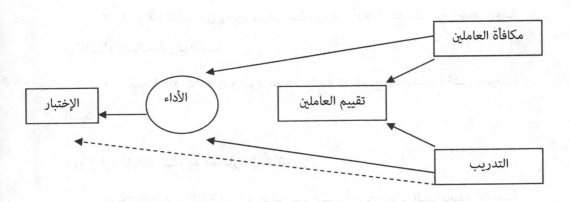

نموذج (٢)

٣ - نموذج (وروسك Warwick) يعود تكوين هذا النموذج إلى جامعة(Warwick) ويركز هذا النموذج على تحليل إستراتيجية الموارد البشرية , وأعترف كامل بالمحيط الخارجي لإستراتيجية الموارد البشرية , بالأضافة إلى أنه يزود بعلاقة ذات اتجاهين بين كل من إستراتيجية الموارد البشرية والإستراتيجية التنظيمية.

٤ - نموذج (جاتس Guests) يشبه هذا النموذج هارفارد وبنسبة معينة , مع وجود الأختلافات .

حيث قام جاتس بتقسيم هذا النموذج , وطرح أهداف وسياسات تنظيمية تصدر عنه وهي :

١ - الدمج الإستراتيجي : يجب التأكد من اشتراك دائرة الموارد البشرية بشكل تام في التخطيط الإستراتيجي , بحيث يجب أن يقوم جميع المدراء باستخدام ممارسات دائرة الموارد البشرية كجزء من عملياتهم ونشاطاتهم اليومية.

٢ - الالتزام والتأكد من أن جميع الموظفين يلتزمون بأعمالهم ونشاطاتهم الوظيفية والتأكد من مطابقتهم وتحقيقهم لمعايير الأداء والسلوك التنظيمي المحدد مسبقاً.

٣ - المرونة : التأكد من وجود هيكل تنظيمي مرت وقابل للتكيف مع وجود مرونة في الأقسام التنظيمية والوظائف.

٤ - الجودة : التأكد من وجود جودة عالية في المنتج والخدمات التي تطرحها الشركة.

دور إدارة الموارد البشرية كمشارك إستراتيجي :

تغيرت النظرة إلى إدارة الموارد البشرية , حيث أصبح ينظر إليها بعدم الأهمية كالتالي :

١ - النظرة إليها على أنها وظيفة تشغيلية أو تنفيذية , وتضم أنشطة الموارد البشرية أنشطة غير إستراتيجية أو روتينية يومية , مثل التأكد من دفع الرواتب في الوقت المناسب والإعلان عن الوظائف الشاغرة في وسائل الإعلام وغيرها من الأعمال لاتحتاج إلى تخطيط إستراتيجي.

٢ - أكثر شمولية أي النظرة إلى دور إدارة الموارد البشرية , هو التأقلم مع إستراتيجية المنظمة , وتكيف الأفراد مع الأهداف الإستراتيجية لتحقيق الميزة التنافسية لها.

٣ - النظرة المشاركة : أي أن الموارد البشرية تعتبر مشاركة متساوية مع غيرها في عملية التخطيط الإستراتيجي , هنا ليس فقط التكيف مع الإستراتيجيات أو متابعة الأعمال الروتينية اليومية بل هي مشاركة في تحقيق الميزة التنافسية للمنظمة من خلال المشاركة في صنع الإستراتيجيات وتطبيقها, وعلى ذلك فإن إدارة الموارد البشرية لها دورين :

١ - تنفيذ الإستراتيجية , وهذا الدور التقليدي لإدارة الموارد البشرية, وهذا يجعلها حساسة , فالوظائف الإستراتيجية تدعم المنافسة الإستراتيجية , فإن اختلاف المنظمات مع اختلاف إستراتيجية المنافسة فيها سوف يؤدي إلى اختلاف طرق إدارة الموارد البشرية.

٢ - إن الموارد البشرية تدعم تنفيذ الإستراتيجية : في نواحي مختلفة , مثلا إدارة الموارد البشرية قد تعمل على تقليل حجم العمالة أو تخفيض تكاليف الرعاية الصحية أو إعادة تنظيم الإستراتيجيات أو غيرها.

الدور الإستراتيجي لمدير إدارة الموارد البشرية :

إن أي منظمة تحاول تحقيق الميزة التنافسية من خلال مشاركة العاملين فيها , حيث هناك دراسة إلى أن هناك كثير من المديرين أضاعوا الوقت في فهم الثقافة التنظيمية وسلوك العاملين أكثر من أهتمامهم في الحصول على المعلومات المالية لتقوية وضعها المالي . وبعض الدراسات توصلت أن أكثر من (٧٠%) من المنظمات تعتبر تدريب العاملين وتطويرهم عاملا مهماً في نجاح أي منظمة , وهذه المنظمات استطاعت أن تحقق الميزة التنافسية لها من خلال تطوير وتدريب المورد البشري فيها.

دور الموارد البشرية في وضع الإستراتيجيات :

عملية صياغة الخطة الإستراتيجية يتطلب تحديد وتحليل الفرص والتهديدات الخارجية ونقاط القوة والضعف الداخلية .

الموارد البشرية تلعب دوراً أساسياً هنا : مثال ذلك : يساعد إدارة الموارد البشرية المخططين في عملة المسح البيئي وتحديد وتحليل الفرص والتهديدات المهمة بالنسبة لنجاح المنظمة أو فشلها.

كما أنه يمكن لإدارة الموارد البشرية أن تزود المخططين بالمعلومات الكافية اللازمه صياغة الخطط , مثل إعطائهم معلومات عن المنافسين في السوق ومعلومات عن النواحي التشريعية , مثل : قانون العمال والتأمين الصحي وغيرها , لذلك فإن بعض المنظمات تبني خططها الإستراتيجية حول الموارد البشرية لإيجاد الميزة التنافسية.

التخطيط والتوجه الإستراتيجيان :

إن التغيير الحاصل في دور الموارد البشرية أنها أصبحت تلعب دوراً مهماً في صياغة وتطبيق إستراتيجية المنظمة.

الإستراتيجية هي عبارة عن خطة طويلة الأجل لإيجاد التوازن بين نقاط القوة والضعف الداخلية للمنظمة , والفرص والتهديدات الخارجية عن المنظمة من أجل تحقيق الميزة التنافسية.

تقليدياً كانت هذه الإستراتيجية محصورة في المدير المباشر أو التنفيذي لكن حديثاً أصبحت إدارة الموارد البشرية لها دور بارز في صياغة الإستراتيجية وتطبيقها.

وتطرأ تساؤلات حول الفرق بين كل من الإستراتيجية والتخطيط , حيث تشير بعض وجهات النظر إلى أن كلاهما نفس الشيء لوجود مصطلح التخطيط الإستراتيجي الذي يربط ما بين كل من الإستراتيجية والتخطيط , بعكس وجهة نظر (هنري) والذي يفرق بين كل من التخطيط الإستراتيجي والتفكير الإستراتيجي , ويعود الفرق إلى أن التفكير الإستراتيجي هو خلق رؤية للصورة التي سيتكون عليها أشياء في المستقبل , في حين أن التخطيط

الإستراتيجي يتعلق بجمع المعلومات اللازمة والملائمة والتي تساعد على برمجة وتكوين رؤية للأمور التي يحتاجها لإنجاز الصورة التي رسمناها مسبقاً , ويتضمن التفكير الإستراتيجي استخدام الحدسي والإبداعي.

اختلاف إستراتيجية الموارد البشرية عن إستراتيجية المنظمة :

يختلف مدخل إستراتيجية الموارد البشرية من منظمة لأخرى , ويوجد هناك أكثر من نموذج يوضح هذا الاختلاف , وذلك كالآتي :

١ - نموذج العزل : ويعود إستخدام هذا النموذج لأكثر من (٢٠) سنة ماضية , ولايزال مستخدماً حتى الوقت الحاضر , وخاصة في المنظمات الصغيرة , وهنا لاتوجد أي علاقة بين كلا الإستراتيجيتين بحيث تكون كل واحد منهما مستقلة بحد ذاتها.

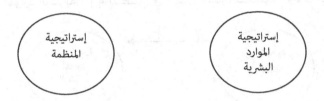

٢ - النموذج المناسب : ويوضح هذا النموذج درجة أهمية الأفراد في إنجاز وتحقيق الإستراتيجية للمنظمة , وهنا يكون الموظفون عنصراً أساسياً في عملية تطبيق الإستراتيجية التنظيمية , ويكون دور إستراتيجية الموارد البشرية في هذا النموذج هو التأكد من توفر الحاجات البشرية لتطبيق الإستراتيجية التنظيمية , ويعود الفضل في تكوين هذا النموذج إلى (فومبرون ١٩٨٤) , حيث ركز على أهمية التوافق والتلاءم ما بين إستراتيجية الموارد البشرية والإستراتيجية التنظيمية.

ويمكن تلخيص هذا النموذج من خلال إستراتيجية الموارد البشرية دوراً مهماً في تطبيق وتحقيق الإستراتيجية التنظيمية , وينتج هذا النموذج

أكثر من إستراتيجية فرعية مثل إستراتيجية (العمليات) , والتي تساعد على إنجاز الإستراتيجية التنظيمية.

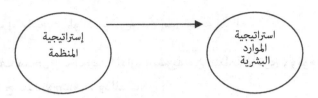

٣ - نموذج الحوار : ويوضح هذا النموذج أهمية وجود علاقة ذات اتجاهين بين كل من إستراتيجية الموارد البشرية ولإستراتيجية التنظيمية , وهنا تكون البدائل التي تصدر عن إستراتيجية الموارد البشرية قابلة للتطبيق في الإستراتيجية التنظيمية , وهكذا.

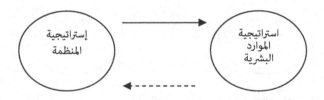

٤ - (النموذج الشامل The Holistic Model) , يوضح هذا النموذج إلى أن الأفراد في المنظمة (الموظفين) هم مصدر مهم أساسي للحصول على ميزة تنافسية , ولا يقتصر دورهم على تطبيق الإستراتيجية التنظيمية فقط , وبكلمات أخرى لاتعتبر إستراتيجية الموارد البشرية وسيلة مساعدة لإنجاز الإستراتيجية التنظيمية , بل هي جزء لايتجزأ من الإستراتيجية التنظيمية , وتعتبر مهمة جداً بدرجة أنه لايمكننا إنجاز الإستراتيجية التنظيمية بدونها نهائياً .

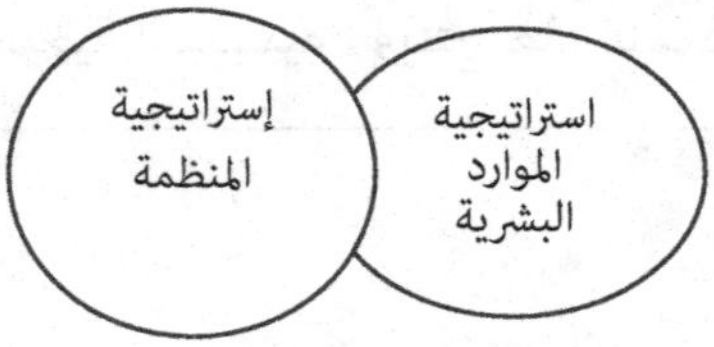

٥ - (النموذج القيادة HR Driven Model) ويوضح هذا النموذج أنه في حـال أن الموظفين هم العنصر الأساسي للحصول على ميزة تنافسية , فإنه يجب علينا أن نبنـي مـنهم نقاط ونجعلهم أكثر كفاءة وقدرة , وذلك لأن هؤلاء الموظفين وقدراتهم ومؤهلاتهم سـوف تؤثر على نتائج تطبيق الإستراتيجية إيجابياً أو سـلبياً - حسـب قدراتهم ومؤهلاتهم - و وبالتالي يطلق على إستراتيجية الموارد البشرية هذا النمـوذج بالقائد , والـذي يقـود عمليـة تطبيق الموارد البشرية بعملية تكوين الإستراتيجية.

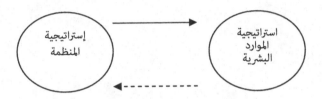

أساس التوجه الإستراتيجي :

تعريف العولمة : وهـي ميل المـنظمات إلى توسـيع نطـاق مبيعاتها أو ملكيتها أو تصنيعها إلى أسواق جديدة واسعة , وقد ازداد التوجه نحو العولمة بشكل كبـير , فقـد ظهـر لها العديد من التطبيقات الإستراتيجية , إذ إن المنظمات في السابق كانت تواجه منافسـة على المستوى المحـلي , أمـا بعـد انتشار مفهـوم العولمـة أصبحت تواجـه منافسـة إقليميـة وعالمية.

إن زيادة العولمة تعنـي زيادة المنافسة , وزيادة المنافسة تعني زيادة الضـغوط الهادفة للتحسين , مثل : تـوفير التكـاليف , وجعل العاملين أكثر إنتاجيـة , وإيجـاد طـرق حديثة للقيام بالأعمال بصورة أفضل وأقل تكلفة.

الفصل الرابع : الأوجه الإستراتيجية في الحصول على الموارد البشرية

- تعريف عملية الحصول على الموارد البشرية

- الإستجابة لسوق العمالة الخارجي والديموغرافية

- مرونة خيارات الحصول على الموارد الابشرية

- دور إستراتيجية الحصول على الموارد البشرية

الأوجه الإستراتيجية في الحصول على الموارد البشرية

Strategic Aspects of Resourcing

تعريفها :

إن عملية الحصول على الموارد البشرية هي عبارة عن عملية رد فعل مع غياب إستراتيجيات المنظمة ونقص الترابط الداخلي في المنظمة , ولسد هذه الفجوة لابد من أخذ بعين الأعتبار الأشكال المختلفة التي تشكل الإطار المكون لإستراتيجية الحصول على الموارد البشرية والتي تزود المنظمة بمجموعة خيارات, ففي البداية سيتم الحديث عن بيئة الحصول على الموارد البشرية ومن ثم الحديث عن المداخل المختلفة للحصول على الموارد البشرية المرنة.

- الإستجابة لسوق العمالة الخارجي والديموغرافيا :

هناك عدة أمور تواجه الموظفين في التسعينات بالنسبة لسوق العمالة الخارجية وهي :-

١ - نقص العمالة.

٢ - زيادة في نسبة العمالة كبار السن.

٣ - زيادة في نسبة الإناث في القوى العاملة.

٤ - الاستمرار في الطلب على الوظائف اليدوية والتي لاتحتاج إلى مهارة.

أما بالنسبة للأستجابة المخططة للتغير الديموغرافي فقد اقترح John Atkinson نموذج يوضح سلسلة من الإستجابات التي تطورت من إستجابة تكتيكية موجه نحو العمالة الداخلية إلى أستجابة إستراتيجية موجه نحو العمالة الخارجية , حيث نجد ما يلي :-

١ - الإستجابة التكتيكية والعمالة الداخلية : عمل لاشيء , تقليل الإنتاج , عمل ساعات إضافية.

- الإستجابة التكتيكية والعمالة الخارجية : القيام بجهود كبيرة لاستقطاب , تحسين الصورة زيادة الأجور.

٢ - الإستجابة الإستراتيجية والعمالة الداخلية : تدريب وإعادة تدريب , استبدال العاملين الداخليين.

- الإستجابة الإستراتيجية والعمالة الخارجية : الاحتفاظ والإستقطاب وتقليل الهدر.

مرونة خيارات الحصول على الموارد البشرية

من المعروف أن المرونة هي إحدى البنود الرئيسية في إستراتيجيات الموارد والبشرية , حيث تؤثر على إستراتيجيات الحصول على الموارد البشرية عن طريق إتاحة الخيارات لدى المنظمة من أجل تحقيق مرونة رقمية, مرونة مؤقتة وأيجاد التوازن مابينها.

١ - فالمرونة الرقمية Numerical Flexibility تسمح بالإستجابة السريعة للبيئة , ويتم تحقيق ذلك عن طريق إستخدام بدائل للموظفين الدائمين التقليديين كالاستعانة بالعمالة المؤقتة.

فقد وصف John Atkinson التصميم الذي يطور المرونة في العمالة , حيث نجد مايلي :-

١ - الموظفين الأساسيين Core group : وهم يشكلون سوق العمالة الأساسية , فيتم الأهتمام بهم من قبل أصحاب العمل , أجورهم جيدة , نشاطاتهم فريدة , هنالك مرونة في الوظائف.

٢ - هنالك مجموعتين احتياطيتين , المجموعة الأولى First Peripheral group هي التي لديها المهارة المطلوبة ولكن ليست متخصصة في مثل هذه الوظائف يتم الاعتماد بشكل أكبر على سوق العمالة الخارجي , فبهذه الحالة يكون لدى الموظف عمل وليس مهنة وهذه المجموعة تتمتع

بالمرونة الرقمية , أما المجموعة الثانية Second Peribheral group فهي تتكون من الموظفين الذين هم أقل آمان وظيفي مثل عقود العمل المحددة.

٢ - أما المرونة المؤقتة Temporal Flexibility فهي تهتم بتغير أشكال ساعات العمل من أجل الإستجابة لاحتياجات العمل والعاملين . فمثلا نجد أن عقود العمل السنوية تساهم في تقليل من ساعات العمل الإضافية المدفوعة الأجر.

فالمنظمات لديها خيار إما الإعتماد بشكل كبير على المهارات المتوفرة في سوق العمالة الخارجي أو تدريب وتطوير سوق العمالة الداخلي , وبناءا على ذلك فقد اقترح سنفيلد Sonnenfield نموذج يشير إلى الموظفين الموجودين في المنظمة والموظفين الذين دخلوا المنظمة وعملية الترقية والتطوير في المنظمة :

١ - التركيز على العمالة الداخلية والمساهمة الفردية :

يكون توجه إدارة الموارد البشرية نحو تطوير الموظفين حيث تركز على المساهمة الفردية من خلال الترقية والتحفيز , يتم استخدام النموذج الإستراتيجي المحلل (Analyzer) والإستراتيجية التنافسية التي تركز على التمايز . ويتميز هذا النموذج بالثبات , وقلة تبديل الموظفين والبقاء في المنظمة حتى التقاعد , من الأمثلة عليها صناعات الأدوية وصناعات السيارات والمفاهيم السياسية المطبقة.

٢ - التركيز على العمالة الداخلية والمساهمة الجماعية :

يكون توجد إدارة الموارد البشرية نحو الإحتفاظ بالموظفين , حيث تركز على سوق العمالة الداخلي . يتم استخدام النموذج الإستراتيجي المدافع (Defender) والإستراتيجية التنافسية حيث يكون التركيز غير التنافسيـ , الترقية تعتمد على الإخلاص , مدة الخدمة الأقدمية والمساواة وليس على المساهمة الفردية , من الأمثلة عليها القطاعات العامة.

٣ - التركيز على العمالة الخارجية والمساهمة الفردية :

يكون توجه إدارة الموارد البشرية نحو التوظيف , حيث يكون التركيز على موارد العمالة الخارجية في كافة المستويات . يتم استخدام إستراتيجية الباحث (Prospector) التعليم والإستراتيجية التنافسية التي تركز على المهارة , من الأمثلة عليها الإعلان , المحاسبة.

٤ - التركيز على العمالة الخارجية والمساهمة الجماعية :

يكون توجه إدارة الموارد البشرية نحو تخفيض النفقات , حيث يكون الإهتمام بالبقاء والتركيز على التوظيف الخارجي من أجل تخفيض النفقات , يتم إستخدام إستراتيجية المتفاعل (Reactor) والإستراتيجية التنافسية التي تركز على التكلفة , من الأمثلة عليها الفنادق.

دور إستراتيجية الحصول على الموارد البشرية

أصبحت النظرة الإستراتيجية تتوجه نحو كيفية تخصيص الموارد البشرية, فالنظرة التقليدية لتدخل وشمولية وظائف إدارة الأفراد هي من أجل تزويدها بالثبات والخبرة , لكن أصبح هنالك تحول إلى شمولية المدراء وإشراكهم في نشاطات الموارد البشرية , فمثلا بعض الشركات تقوم بتدريب مدرائها وإعطائهم الدعم من أجل القيام بعملية الإستقطاب.

الفصل الخامس : بئية التطور الوظيفي

- تمهيد

- تعريف وأهمية التطور الوظيفي

- فهم الوظائف

- المراحل المثالية للوظيفة

- مرتكزات الوظيفة

- القضايا المعقدة والتلميعات التنظيمية

- مؤثرات أساسية في التطور الوظيفي

- إدارة المهنة الفردية

- دعم المنظمة للتطوير الوظيفي

بيئة التطور الوظيفي :

تمهيد

إن المهن تتغير باستمرار ومن المحتمل جدا أن ينتقل الأفراد إلى منظمات بدلا من البقاء في منظمة واحدة طوال حياتهم العملية , ويحصلوا على عدة ترقيات في هذه المنظمات خلال فترة عملهم.

أن فرص الترقية في المنظمات قد تقلصت مع قلة نشاطاتها , ومع ذلك فإنها تبقى أكثر الحركات الوظيفية تفضيلا من قبل العديد من الموظفين في حين تستمر المنظمات في القيام بحركات وتطورات وظيفية جانبية من خلال توسيع العمل وجعله بديلا أكثر واقعية وجاذبية , أن تغير المنظمة المستمر وإعادة هيكلتها يجعل من تخطيط الوظيفة لفترة طويلة تمرينا على التنبؤ بالحظ وهناك أدلة على أن الأفراد لايمكنهم تخطيط وظائفهم إلى حد كبير , ومع ذلك وحسب العقود السيكولوجية القديمة والتي تعد فيها المنظمة الموظفين بعمل طويل الامد مقابل الإخلاص والإلتزام فإنه يتوقع من هؤلاء الموظفين ان يتحملوا مسؤوليات وظائفهم , لذلك لابد من إعادة النظر في تلك العقود السيكولوجية بين الموظفين واصحاب العمل , إن عمل الرجال الان يشبه تقريبا النمط التقليدي المجزأ لعمل المراة وهناك ادلة على أن الكثير منهم ميالون لتطوير وظيفة تراعي الحاجات الشخصية والاسرية بما في ذلك تعليم الأطفال ومستوى المعيشة , حيث لم يعد أمر تطوير الوظيفة قضية فردية منعزلة بعد الان , أذ لابد من النظر إليها في سياق الحياة والتطور للشخص ككل وليس كموظف فقط.

تعريف وأهمية التطور الوظيفي :

يمكن تعريف الوظيفة على أنها نمط أو تسلسل أدوار العمل لفرد ما , وحسب المفهوم التقليدي فان كلمة وظيفة تتعلق بمن يشغلون مواقع إدارية أو

مهنية , لكنها الآن مناسبة لكل واحد بالعلاقة مع دور عمله , وحسب المفهوم التقليدي كذلك فإن كلمة وظيفة كانت تعني الحركة إلى أعلى أو التقدم والإضافة في أدوار العمل في حين أن الكلمة الأن تميز حركات أخرى على أنها مصطلحات لتطور الوظيفة تشمل التطوير والتوسع داخل الوظيفة نفسها .

نحن ننظر إلى تطوير الوظيفة على أنه شيء تمت تجربته من قبل الأفراد وبالتالي فهو ليس محدود بمنظمة واحدة فقط , لذلك يعتبر الهدف الرئيسي لتطوير الوظيفة تحقيق حاجات الفرد في العمل بالرغم من أنه من المنطقي تحقيق حاجات المنظمة في نفس الوقت عندما يكون ذلك ممكنا , أن النجاح الوظيفي ينظر له من خلال عيني الفرد ويمكن تعريفه على أنه الرضا الشخصي عن الوظيفة من خلال تحقيق أهداف الوظيفة الشخصية وفي نفس الوقت تقديم مساهمة إلى المنظمة , من هذا المنطلق فإن نظرتنا هذه تختلف عن نظرة ستامب (١٩٨٩) مثلا والتي تعطي حاجات الفرد والمنظمة نفس القيمة.

لو أخذنا بعين الأعتبار الأولوية التي أعطيناها للفرد في تطوير الوظيفة فمن المهم ذكر الفوائد العامة التي توفرها للمنظمة وهي :

١ - جعل المنظمة أكثر فعالية في عمليات التوظيف.

٢ - تلبية حاجات الموظفين.

٣ - تشجع الموظفين على الإلتزام وتقلل من الدوران الوظيفي.

٤ - تشجع الدافعية وتحسن الأداء الوظيفي للموظفين وإمكانية التقدم والتطور في العمل.

٥ - استغلال الإمكانيات الكاملة للقوى العاملة.

قبل النظر إلى كيفية قيام الموظفين بإدارة تطوير وظائفهم وكيف يمكن للمنظمة أن تدعم ذلك فنحن بحاجة إلى مراجعة بعض المفاهيم المتعلقة

بالوظيفة حيث أن فهم هذه المفاهيم مهم وضروري لكل من المنظمة والأفراد وإختيار أكثر النشاطات الوظيفية ملائمة.

فهم الوظائف

- مراحل تطوير الوظيفة

حاول العديد من المؤلفين تحديد المراحل المثالية للوظيفة الناجحة , مثل لافنسون (١٩٧٨) وللتحديد أكثر يذكر شاين تسع مراحل لدوره حياة الوظيفة كما يبينها جدول (٢٤-١) , وهناك مؤلفين أخرين ذكروا خمس مراحل فقط منهم سوبر (١٩٨٠) وهال ونوجيم (١٩٦٨) وفي هذا الفصل سوف نستخدم المراحل الخمسة التي ذكرها غرينهاوس وجالانان (١٩٩٤) :

المراحل المثالية للوظيفة

المرحلة الأولى : الاختيار المهني : الاستعداد للعمل

Occupational choice preparation for work

يرى الكتاب أن هذه المرحلة قد تدوم إلى سن ٢٥سنة وتتضمن هذه المرحلة تطوير الصورة الوظيفية الذاتية , والعبرة هنا هي المقارنة بين نقاط القوة والضعف , القيم ونمط الحياة المرغوب للشخص , وبالرغم من أن هناك العديد من الخيارات التي تساعد في التعرف على اهتمامات الشخص الوظيفية لكن هذه الاختيارات ليست كافية لاكمال الصورة , وهناك مشاكل أخرى تتعلق بتحديد بعض الأشخاص لخياراتهم بسبب بعض الخصائص الاجتماعية والثقافية المتعلقة بالجنس أو العرق.

جدول (٢٤-١) مراحل شاين لدور التطور الوظيفي

١ - صفر - ٢١	نمو , إكتشاف
٢ - ١٦ - ٢٥	الدخول إلى عالم العمل

٣ - ١٦ - ٣٥,١	التدريب الأساسي	
٤ - ١٧ - ٣٠	عضوية كاملة في مرحلة بدء الوظيفة	
٥ - ٢٥ فاكثر	عضوية كاملة في مرحلة بدء منتصف الوظيفة	
٦ - ٣٥ - ٤٥	أزمات منتصف الوظيفة	
٧ - ٤٠ فاكثر	أواخر المهنة	

(الانحدار والتقاعد)

المرحلة الثانية : الدخول للمنظمة organizational entry

هناك العديد من التداخلات بين المرحلة الأولى والثانية والتي تحدث غالبا بين سـن ١٨ - ٢٥ وتتضمن أيجاد الوظيفة التي تنسجم مع الصورة الوظيفية الذاتية , ويقوم أصحاب المنظمات بتسويق وترويج منظماتهم والوظائف من خلال التركيز على الجوانب الجيـدة في المنظمة وتجاهل الجوانب السيئة , وعادة يعمل المتقدمون بطلبات التوظيف علـى اختبـار افتراضاتهم من خـلال السـؤال عـن بعض المعلومـات المحددة التي يحتاجونها ولتسـهيل الدخول للمنظمة اقترح وانوس (١٩٩٢) فكرة التوظيف الحقيقي وذلك مـن خـلال تزويـد المنظمة نظره متوازنة لما يحدث داخلها ولما نتوقع مـن المنظمـة والوظيفـة للموظـف وفي هذه الحالة يقوم المرشحون للعمل في اختيار الوظائف الملائمة لهم.

المرحلة الثالثة : بداية الوظيفة - التأسيس والإنجاز

establishment and achievement

اقترحه غرينهاوس وجالاناس العمر المناسب للعمل المبكر وهو ما بين ٢٥ و٤٠ سنة , وتتضمن هـذه المرحلـة عملـة الانسـجام مع المنظمـة ومعرفة كيـف يسـير العمـل فيهـا , فالموظف الجديد لايحتاج لمعرفة المهام الخاصة بالعمل فحسب وانما كيفيـة عمل المنظمـة ككل والأمور التي يمكن أن يثاب أو يعاقب

عليها , كما يسعى الموظفون للتعرف على حقوقهم , إضافة إلى أهمية وجود التغذية الراجعة والدعم المزودين من قبل المدير المباشر خلال هذه المرحلة.

المرحلة الرابعة : مرحلة منتصف الوظيفة

يوضح غرنهاوس وجالاتان أن هذه المرحلة تقع عادة بين سني ٤٠ - ٥٥ سنة وقد تتضمن نموا وتقدما إضافيا للموظف أو الحفاظ على الوضع الحالي (الاسقرار) , وفي كلتا الحالتين فهي تكون مصحوبة عادة ببعض التطور في المهنة واتجاه الحياة , ويواجه القليل فقط من الموظفين الهبوط في هذه المرحلة.

وبالنسبة للأشخاص الذين يستمرون في التقدم فإن الدعم المقدم من قبل المنظمة يبقى مهما للغاية , أما بالنسبة للأشخاص الأخرين فإن نوعا من الدعم قد يكون مطلوب وذلك لتجنيبهم الشعور بالفشل وانخفاض أداءهم , ويقترح الكتاب استخدام طرق أخرى للدعم مثل , توسيع العمل , تطوير هؤلاء الأفراد كمعلمين ومدربين لغيرهم , والتدريب الإضافي لمواكبة التطورات , واستخدام نظام مرن للمكافئات.

المرحلة الخامسة : مرحلة أواخر الوظيفة late career

تتجلى مهمة المنظمة في هذه المرحلة في تشجيع الموظفين البالغين من العمر ٥٠ سنة فما فوق على الاستمرار بالعمل بشكل جيد , وبالرغم مما يقال حول كبار السن من الموظفين قد يعملون ببطء ولايتعلمون بسرعة إلا أن مايو (١٩٩١) رأى أنه إذا آمنت المنظمة بأنهم يستطيعون العمل بشكل جيد وعاملتهم على هذه الأساس فإنهم سيعملون بشكل جيد فعلا , ويرى الكتاب أن وجود نظام العمل المرن , ومعايير العمل الواضحة , والتدريب المستمر , وتجنب التميز من الأمور المهمة والمفيدة جدا في هذه المرحلة.

مرتكزات الوظيفة career anchor

أجريت دراسة على ٤٤ من خريجي جامعة سنون عام ١٩٧٣ بعد ١٠ - ١٢ سنة من تخرجهم وتعرف شاين على خمسة من مرتكزات الوظيفة واقتراح أنها تفسر نمط إتخاذ قرار الوظيفة لكل فرد في الدراسة , ورأى شاين (١٩٧٨) أن مرتكزات الوظيفة تتمثل في مايلي :

- المواهب والقدرات.
- الدوافع والحاجات.
- القيم والإتجاهات.

أن من أسباب التطور الوظيفي يأتي من الخبرة المباشرة في العمل , ومن النجاح , ومن التشخيص الذاتي والتغذية الراجعة , والنتائج التي يصل إليها الفرد من خلال خبرات العمل والتي بدورها توجه وتحكم التطور الوظيفي في المستقبل , ويرى شاين أن مرتكزات الوظيفة تمثل للشخص الذي يأخذ بعين الأعتبار التفاعل بين العوامل السابقة , ويمكن لمرتكزات الوظيفة أن تستخدم في التعرف على عنصر الأستقرار لدى الشخص الذي حدد خياراته في الماضي ومن المحتمل جدا أن يحدد خياراته في السمتقبل.

تمثل مرتكزات الوظيفة الأشياء التي يتردد الناس في التخلي عنها , فنحن لانحتاج إلى التعرف على فهم المرتكزات الخاصة بنا لكي نتأكد من قيامنا بالأمور الصحيحة وحسب وانما نحن بحاجة أيضاً إلى أن تقدر أمور أخرى مازلنا بحاجة إليها حتى بعد تغير وظائفنا , ولقد حدد شاين خمسة مرتكزات للوظيفة ثم ألحقها بأربعة أخرى , وقد اقترح شاين بأنه قد يكون مهما للشخص أن تكون له أكثر من وظيفة واحدة , ومرتكزات الوظيفة الخمسة الأصلية هي :

١ - المقدرة المهنية أو الفنية technical/functional competence

يهتم الأشخاص الذين يتوافر لـديهم هـذا النـوع مـن مرتكـزات الوظيفـة بـالمحتوى التقني لعملهم وشعورهم بالكفاءة نحوه , وهم يتجهـون إلى عـدم الأهـتمام بـالإدارة بحـد ذاتها مثلما هم مهتمون بممارسة مهـاراتهم الفنيـة , ولكـنهم مـع ذلـك مسـتعدين لتقبـل المسؤوليات الإدارية.

٢ - المقدرة الإدارية Managerial competence

تعتبر هذه الكفاءة غاية بحد ذاتها بالنسبة لذوي المقدرة الإداريـة وتكون الوظيفـة الفنية ليست سوى وسيلة للوصول إلى هـذه المقـدرة , وينتهـي المطـاف بالنسـبة لأصحابها هذه المقدرة إلى الوظائف الإدارية العامة وامتلاك ثلاث كفاءات إدارية رئيسية هي :

١ - الكفاءة التحليلية لحل المشكلات المتعلقة بنقص المعلومات وعدم التأكد.

٢ - الكفاءة متعددة الشخصيات من أجل التأثير والسيطرة والكفاءة.

٣ - المرونة الانفعالية والقدرة على الاستثارة أثناء المشاكل بدلا مـن الشـعور بـالعجز أمامها.

٣ - الأمن والاستقرار Managerial competence

وهي خاصية لهؤلاء الذين لديهم الاستعداد للقيام بما تريده المنظمة منهم من أجـل الحفاظ على أمن الوظيفة والفوائد المستقبلية المصاحبة لها حيث ينسجمون مـع متطلبـات المنظمة وسيكونون واثقين من أنه سيتم الاعتناء بهم , لذلك فإن العديد مـنهم سيسـتمر في العمل في نفس المنظمة طوال حياته بالرغم من وجـود بـدائل أخرى مثـل البقـاء في نفـس المنطقة الجغرافية والتنقل بين عدة وظائف.

٤ - الإبداع creativity

يشعر الأشخاص الذين يمتلكون هذه الخاصية بـأنهم بحاجة إلى صـنع شيء جديد فهم مدفوعون بالرغبة إلى توسيع اعمالهم والاشتراك في مشاريع ومغامرات جديدة يمكن وصفها بالريادة , وإذا ما تحولت مشاريعهم الجديدة إلى عمل نـاجح فـإنهم سيملون منه ومن المحتمل أن يقوموا بتسليمه إلى آخرين والتخلي عن العمل.

٥ - الحكم الذاتي أو الاستقلال autonomy and independence

الرغبة في التحرر من الضغط في المنظمة عند ممارسة القدرات المهنية أو الفنيـة هـو مايميز من يمتلكون هذه الخاصية , حيث يجد هـؤلاء الأشخاص الحياة في المنظمة مقيدة ومتطفلة على شؤونهم الخاصة ويفضلون أسلوب وطريقة عمل خاصة بهم , وهـم يعملون عـادة لوحـدهم أو في شركـات صغيرة , وتتمثل هـذه الفئـة في المستشارين والمحاضرين والكتاب.

الأربع مرتكزات الإضافية التي اقترحها شاين تتمثل في :

١ - الهوية الأساسية basic identity

الأشخاص المتمتعين بهذا النوع من مرتكزات الوظيفة يكونون مدفوعين بالحاجـة إلى إنجاز ودعم الهوية الوظيفية.

٢ - خدمة الآخرين service to others

القوة الدافعة هنا هي الحاجة إلى خدمة الآخرين وغالبا مـا تكـون مـن خـلال ممارسـة الكفاءة المتعددة للشخصيات أو من خلال مهارات أخرى , وهـذه الحاجـة ليسـت في ممارسـة هذه الكفاءة بحد ذاتها وانما هي فقط بهدف مساعدة الآخرين , ومـن الأمثلـة عـلى ذلـك في الواقع العملي المعلمين , والأطباء.

٣ - القوة , السلطة , الرقابة Power influence and control

يمكن فصل مرتكزات الوظيفة هذه عن المرتكزات الإدارية أو على الأقل أن ينظر لها بعيدا عنها , والذين يمتلكون مرتكزات الوظيفة هذه يعملون في المجالات السياسية , والتعليم , والطب , حيث أن هذه المجاات توفر لهم ممارسة التأثير والسيطرة على الآخرين.

٤ - التنويع Variety

هؤلاء الذين يسعون للتنويع قد يقدمون إلى فعل ذلك لعدة أسباب , ومرتكزات الوظيفة هذه قد تكون ذات علاقة بالأشخاص الذين يمتلكون مواهب متعددة والذين يملون من الأشياء بسرعة وقد قدم دير (١٩٨٦) مجموعة بديلة من أنواع العمل مع التأكيد على تطوير جانب الهوية الذاتية كعملية مستمرة.

القضايا المعقدة والتلميحات التنظيمية :

إن معظم العمل الذي تم حول وصف المراحل الوظيفية ومرتكزات الوظيفة نفذ بواسطة تحليل الخبرات العملية لذلك فهي غير كافية لعالم العمل المعاصر الذي نتناوله , أن المرتكزات الوظيفية التي طورها شاين دليل على كيفية إعادة تشكيل الفهم ومع ذلك فما زالت تنقصنا التفسيرات المناسبة لكيفية احتواء التطورات الوظيفية لكل الخلفيات العرقية , والجنس , والتنوع الوظيفي . وهناك أدلة على أن الأقليات والنساء تحدد خياراتها المهنية بشكل واع وغير واعي , وذلك لأسباب لا علاقة لها بالقدرات الأساسية أو الدوافع وقد يكون لهوية الطبقة الاجتماعية نفس الأثر حيث يحتاج أصحاب العمل على الأقل أن يكونوا واعين لمثل هذه القوى وعليهم أن يكتشفوا هذه الضغوط مع موظفيهم لتشجيع استغلال الإمكانات الفردية الكامنة إلى أقصى حد ممكن.

وهناك أربعة مؤثرات أساسية في التطور الوظيفي وهي :

١ - الأبوة : وهي من المؤشرات القوية وإن كانت ليست الوحيدة خصوصا على عمل النساء , أذ قد يؤدي إلى الرغبة في التوقف عن العمل لعدة سنوات والتوقف عن التطلع للتقدم في الوظيفة حتى يكبر الأطفال أو أتخاذ طرق أخرى للعمل تتوافق مع رعاية الأطفال وقد لاحظ برينجل وجولد (١٩٨٩) أن انقطاع الطريق المهني للمرأة يعد أحد الأسباب لتلقيها في الغالب رواتب قليلة وعدم استلام مناصب إدارية.

٢ - وظيفة الشريك :

من المحتمل أن يتم أتخاذ الخيارات الوظيفة في الغالب بالأشتراك مع قرارات شريك معين بدلا من أتخاذها بشكل منفرد مع أن عبء تكييف خيارات المهنة للشخص لتتناسب مع تلك الخاصة بالشريك تقع على عاتق المرأة , ومن هذه البدائل ما يلي :

- يسعى كل شريك بشكل مستقل إلى الفرص ويتم اختيار الخيار المشترك الأفضل.
- أن يشترك كلا الشريكين في نفس الوظيفة.
- يختار كل شريك أفضل فرص بالنسبة له.
- ومع تزايد قبول هذه الإستراتيجية البديلة فإن القرارات الوظيفية ستصبح أكثر تعقيدا بشكل عام وستغدو أكثر صعوبة وقد لاحظ ايفانس (١٩٨٦) بان المقاومة لذلك تتزايد.

٣ - تغير قيم وأسلوب الحياة :

ونحن نتجه نحو نهاية التسعينات فإن هناك أدلة على أن قيمة العمل تتغير , في حين أن فترة الثمانينات قد تميزات بفكرة أن (الغذاء للأغنياء) , إلا أن التغير قد حدث والذي قد يكون راجعا إلى كثافة وضغوط العمل ,

نحو تقدير العمل الابطء والاسهل الذي يفسح الأهتمام للمجالات الفردية والبيئية والعائلية.

٤ - انتهاء العقد السيكولوجي القديم

demise of the old psychological contract

لاتستطيع العديد من المنظمات أن تقدم المهن التقليدية أو أنها تعرضها فقط لمجموعة قليلة من الأشخاص فالعمالة الزائدة الجبرية والعقود قصيرة المدى , وتوافر العمل الجزئي بدلا من العمل بدوام كامل كلها تحطم الصورة المثالية للمهنة , إلا أن هذا مع ذلك لايعني التخلي عن مفهوم كلمة وظيفة (career) وفكرة عقد السيكولوجي جديد في مرحلة التطور وأساس هذه الفكرة أن يقوم الموظف بتقديم إنتاجية عالية والألتزام الكامل مقابل أن يعرض صاحب العمل التوظيف بدلا من التوظيف طويل المدى , وعرض التوظيف هذا يركز على اعطاء الموظف الفرصة لتطوير المهارات المطلوبة والسماح له بممارسة هذه المهارات والحفاظ على حداثتها.

هذا الدعم يقصد منه إعداد الموظف بالمهارة والخبرة اللأزمة للحصول على وظيفة مناسبة أخرى عند الاستغناء عن خدماته في المنظمة الحالية.

إدارة المهنة الفردية individual career management

إذا كنا ننظر إلى المهنة على أنها ملك خاص للفرد فإن مسؤولية إدارة هذه الملكية من حق ذلك الفرد وحده والذي يجب عليه بدوره أن يعرف أهداف هذه المهنة ويتبنى إستراتيجيات لدعمها ويبتكر الخطط لتحقيقها , وفي الواقع وبرغم ذلك فإن هناك العديد من الأبحاث التي تبين أن العديد من الناس يفشلون في التخطيط فقد وجد برينجلز وجولد (١٩٨٩) على سبيل المثال أن هناك افتقارا في التخطيط المهني لـ ٥٠% من الرجال والنساء الذين يشغلون مناصب إدارية وأن حوالي ٤/١ الناس كان لديهم خطط للمستقبل

أو اعترف بالحظ أو الفرصة أو وجودهم في المكان المناسب في الوقت المناسب كسبب في حصولهم على ترقيات كما لاحظ هادلان ووايس (١٩٨٢) تولي كل من الذكور والإناث المناصب بواسطة الصدفة.

وقد وصف جولد وبانلي (١٩٨٤) نوع هذه الإستراتيجيات فيما يلي :

١ - خلق أو صناعة الفرص : وهذا يتضمن بناء المهارة والخبرة المناسبة للعمل في المنظمة.

٢ - توسيع الإشتراك بالعمل : هذا يتضمن العمل لساعات اطول في كل من المنزل والعمل وقد يتضمن الانشغال بقضايا العمل طوال الوقت.

٣ - الترشيح الذاتي أو التقديم الذاتي : الشخص الذي يمتلك هذه الإستراتيجية سوف يعبر عن رغبته في الحصول على المزيد من المسؤوليات لرؤسائه , وكذلك سوف يقوم بالإعلان عن نجاحه ويبني لنفسه سمعة جيدة بإنجاز الأعمال.

٤ - السعي أو الاسترشاد المهني : هذه يتضمن البحث عن أشخاص أكثر خبرة سواء من داخل المنظمة أو من خارجها والاستعانة بخبراتهم في الإسترشاد المهني , واستخدام ما يسمى بعلاقات المعلم يدخل ضمن هذه الفئة.

٥ - شبكات العمل : وهي تتضمن تطوير العلاقات داخل وخارج المنظمة وذلك للحصول على المعلومات والدعم.

٦ - الجذب متعدد الشخصيات : تتضمن هذه الإستراتيجية بناء علاقة فورية مع المدير المباشر على أساس أن هذه العلاقة سوف تؤثر على تقدم العمل , أحد أشكال هذه الإستراتيجية هي (إنسجام الآراء) وهي مشاركة مدير الأفراد ببعض الآراء الرئيسية.

قابل جولد وبانيلي ٤١٤ موظف مهني وإداري ومكتبي في المكاتب البلدية لتحديد أي الإستراتيجيات التي يستخدمونها لربطها بزيادة الراتب كمؤشر على التقدم في المهنة وقد وجد التالي :

- استخدام المديرون هذه الإستراتيجية أكثر من غير المديرين.

- يستخدم المدراء الغير المستقرين هذه الإستراتيجية بشكل أكثر من المدراء المستقرين.

- ارتباط التقدم في الراتب باستخدام الاشتراك الزائد في العمل وخلق الفرص وتعزيز الآخرين.

- الرجال أكثر ميلا لاستخدام الاشتراك الزائد في العمل من النساء.

- بالنسبة للمدرين فإن استخدام شبكة العمل والترشيح الذاتي كان أكثر أرتباطا مع الزيادة في الراتب.

وقد اقترح وترمان (١٩٩٤) في مقالته حول الوظائف المرنة للقوى العاملة أن الأفراد يحتاجون إلى :

- زيادة المعرفة الخاصة حول أتجاهات سوق العمل.

- إدراك المهارات والمعارف المطلوبة في مجال العمل وتوقع الإحتياجات المستقبلية.

- الاستعداد لمعرفة نقاط الضعف والقوة في الموظفين.

- التخطيط لرفع الأداء في العمل.

- الإستجابة السريعة للتغير وفقا لحاجات العمل.

- الإنتقال من الوظيفة الحالية في حال إستحالة الإستمرار في العلاقة.

دعم المنظمة للطوير الوظيفي :

بالرغم من أن إدارة العمل مسؤولية الفرد بشكل أساسي الا أن المنظمة بوسعها أن تقدم الكثير لتدعم هذه المسؤولية , ويمكن للمنظمات أن تساعد الأفراد بالطرق التالية :

١ - إستكشاف المهنة المتسقبلية : ويتضمن تقديم الأدوات للمساعدة في التشخيص الذاتي وتوفير المعلومات عن المنظمة.

٢ - تحديد الهدف المهني : وتعني توفير صورة وأضحة عن الفرص الموجودة في المنظمة وتنويعها لمواجهة أولويات العمل المختلفة.

٣ - إستراتيجيات المهنة وتخطيط العمل : وتعني توفير المعلومات والدعم , والذي ينفع في هذه المنظمة.

٤ - التغذية الراجعة عن العمل : وتتضمن نقديم معلومات صادقة عن تقويم الأداء الحالي وإمكانيات العمل .

تظهر الطرق التي يمكن للمنظمات أن تسهم فيها في الآتي :

١ - المساندة أوالدعم الإداري Management Support

المساندة الإدارية ليست مهمة فقط من حيث تعيين الموظفين ولكن من حيث مساندة التطور الوظيفي للموظفين الحاليين , كما أن التغذية الراجعة عن الأداء الحالي والإمكانيات الوظيفية مهمة جدا خصوصاً إذا كان على شكل تحديد نقاط القوة والضعف , والتحسينات الضرورية التي يجب القيام بها , فالمدير المباشر في موقع مناسب يسمح له بأن يحيل الأفراد لمديرين آخرين ويقدمهم في شبكة تدعم حركاتهم الوظيفية , إضافة إلى ذلك فإن المدير في موقع مناسب يثيح له توفير التحديات الوظيفية والخبرات ضمن الوظيفة الحالية والتي سوف تزود الموظفين بالمهارات المطلوبة للحركات الوظيفية المرغوبة , وقد لاحظ والكر (١٩٩٢) أن (المديرين يمكنهم توفير

مدخلات مهمة في صيغة تغذية راجعة صادقة تتعلق بالإمكانيات الفردية , والمعلومات بشأن احتياجات المنظمة وتوجهاتها المستقبلية , والأفكار والمقترحات للتدرب وإستخدام موارد المنظمة).

لكن لسوء الحظ كما يرى ايفانز (١٩٨٦) فإن المديرين لايرون هذه المسؤوليات كجزء من مسؤوليتهم بل يعتبرونها جزء من مسؤوليات قسم شؤون الموظفين , ويشعر المديرون بالكثير من الضغط بسبب قلة معرفتهم عن أقسام المنظمة الأخرى لذلك فهم ينسحبون عند طلب معلومات دقيقة عن إمكانيات العمل وخصوصاً عندما يعلمون أن ما سيقولونه ليس هو نفس ما يريد الآخرون سماعه , كما يميل المديرون للتمسك بالموظفين الجيدين لمصلحتهم الخاصة.

٢ - النصائح أو المشاورات الوظيفية Career Counseling

من حين أخر , فإن من وظيفة المديرين تقديم نصائح وظيفية لبيان نقاط الضعف والقوة والقيم والإهتمامات لموظفيهم , وفي كثير من الحالات مع ذلك , فإن هؤلاء المديرين أنفسهم قد يطلبون النصحية ويفضلون الحديث بثقة لشخص بعيدا عن عملهم , وفي مثل هذه الظروف فإن أعضاء قسم شؤون الأفراد قد يعملون كمستشارين , وفي الحالات الأعقد من هذه أو التي تتعلق بموظفي المستويات العليا قد يتم البحث عن متخصصين من خارج المنظمة , وهذا هو الاحتمال الأكثر حدوثا ويكون في حالة إذا ما تم عرض النصحية الوظيفية كجزء من برنامج إحلال خارجي ناتج عن العمالة الزائدة.

٣ - ورشات العمل المهنية Career Workshops

تقام هذه الورشات عادة بعيدا عن موقع العمل وتقديم برامج خاصة تساعد الموظف على تقدير نقاط القوة والضعف لديه , والقيم والاهتمامات, والتعرف على فرص العمل , ووضع أهداف المهنة , والبدء

في تطوير إستراتيجية وخطة عمل , ذلك أن أحد أهداف هذه الورشات هو توسيع المجـالات الوظيفية , ولا يشترط أن تكون أهداف المهنة محددة بالمنظمة الحالية , وقد تدوم ورشـات العمل من ٢-٣ أيام وقد تتضمن في الأغلب تمارين فردية بالورقة والقلم , والنقاش الجماعي , والنقاش الفردي, والاجتماعات الخاصة مع المدرب . وبالنسبة لـبعض الأشـخاص فأنهـا قـد تكون إحداثا غير عادية يمكن استخدامها في أكتشاف الحياة ككل , وتكمن الصعوبة للغالبية العظمى من الأفراد في متابعة الزخم الهائل للاستمرار في تخطـيط العمـل والتحديـد الـذاتي للتطور بعد انتهاء الورش.

٤ - كتب المساعدة الذاتية self-help workbooks

تشكل هذه الكتب البديل لورش العمل وهي توفر المساعدة في القضايا المهنيـة مـن خلال تقديم هيكلية وإطار العمل , وتقدم العديد من المنظمات مثـل هـذه الكتـب والتـي تناسب مختلف مراحل التطوير الوظيفي.

وقد قام بورجوين وجيرمال (١٩٨٢) في صيدلية (اسو) بدراسة حول الوقت الذي يتم إنفاقه للتخطيط الوظيفي الفعال والتنبؤ باحتياجات المنظمة عام ٢٠٠٠ وقـد قامـا بتطـوير دليل يمكن للموظفين العمل من خلاله بـنفس سرعـتهم وبالتعـاون مـع الأصـدقاء والـزملاء للتعرف على الجمع بين (التخطيط الوظيفي والتطوير الذاتي) وقد تضمن المجالات التالية :

- مهارتك ووظيفتك.
- حياتك وعملك.
- العالم الذي تعيش وتعمل فيه.
- إستكشاف خيارات العمل.
- ما الذي تستطيع تعلمه ويساعدك في المستقبل.
- كيف تحل المشاكل.

- ما الذي يجب أن تخطط لتتعلمه.

- ما هي أفضل طريقة تتعلم بها.

- كيف تستمر في مواكبة العصر.

- فرص ومصادر التعلم

- تخطيط تطورك الذاتي.

من المهم أن يقوم الأفراد بعد إكمال الكتاب بعدة مقابلات مع مديريهم المباشرين وذلك لاختيار افتراضاتهم وتقديراتهم والمشاركة في المعلومات.

٥ - مراكز المهن Career Centers

هذه المراكز قد تستخدم كنقطة بؤرية لمراجعة المعلومات الوظيفية في المنظمة وخارجها , وقد تحتوي هذه المراكز على معلومات حول الخيارات المهنية , ومعلومات عن السلالم والشبكات الوظيفية في المنظمة , وفرص العمل الحالية للتقدم بها , وكتب المساعدة الذاتية , والحزم الحاسبية.

٦ - مراكز التعيين والتطوير Assessment and development centersr

إتخذت مراكز التعيين للموظفين الداخليين في الماضي شكل تقديرات نجاح ورسوب لإختيار مجموعة من المديرين ذوي الإمكانيات العالية في مرحلة معينة , وقد ركزت هذه المراكز على احتياجات المنظمة أكثر من احتياجات الأفراد ومؤخرا حدثت تغيرات لبعض هذه المراكز وتحول إهتمامها إلى الفرد ولم يعد هناك قيود للمسموح لهم بالحضور , وتؤكد هذه المراكز التي تعرف بـ (مراكز التطوير) على قياس نقاط القوة والضعف لدى الفرد , وتوفير التغذية الراجعة الفورية , وخطط التطوير حتى يستغل الفرد إمكانيات لاقصى حد , ونتيجة لذلك زادت أهمية الخطط الفردية والتطوير المهني.

٧ - طرق وشبكات المهنة areer pathways & grids

طرق المهنة عبارة عـن تسلسـل أدوار العمـل أو مواقعـه والتـي بمحتـوى العمـل أو القدرات المطلوبة , وقد قدمت الطرق التقليدية بشكل (مهني عمودي) هما كمايلي :-

المدير العام

↑

رئيس القسم

↑

قائد فريق العمل

↑

موظف بحث عالي

↑

موظف بحث

↑

مساعد بحث

طرق الوظيفة التقليدية

الفصل السادس : الإتصال الإداري

- مفهوم الإتصال

- أهمية الإتصالات

- أغراض الإتصالات

- أنواع الإتصالات الإدارية

- مراحل عملية الإتصال

- عناصر عملية الإتصال

- معوقات الإتصال

الإتصال الإداري :

مفهوم الإتصال :

يعتبر الإتصال Communication , وسيلة إجتماعية يتم من خلالها التفاهم بين الأفراد والجماعات , وخلق حركة (ديناميكية) الجماعة , والإتصال وسيلة رئيسية من الوسائل التي تستخدم لتحقيق أهداف المنظمة بشكل عام , حيث يتم من خلالها نقل المعلومات والبيانات والآراء والأفكار بين الأفراد لغرض تحقيق الأداء المستهدف للمنظمة.

وكذلك يمكن فهم الإتصال على أنه عبارة عن نقل أو تدفق للمواد والمعلومات والأدراك بين أجزاء وأفراد المؤسسة المختلفة ويختلف الباحثون وكتاب الإدارة على تحديد مفهوم الإتصال بشكل دقيق , بالإضافة إلى ما سبق فقد عرف من قبل البعض على أنه إستعمال اللغة والإشارات ونقل المعلومات والمعاني للتأثير على السلوك كما عرفه البعض الآخر على أنه عبارة عن عملية تحويل وإختيار جزء معين من المعلومات على شكل رسالة صادرة من مصدر معين إلى شخص هو المستفيد أو المستقبل , ويتضح من هذه التعاريف أن مفهوم الإتصال يتضمن نقل الأراء والمفاهيم والأفكار وتلقي ردود الفعل عن طريق نظام دقيق للتغذية العكسية Feedback لغرض التوصل إلى افعال محددة تسهم في تحقيق أهداف المنظمة.

أهمية الإتصالات :

تعتبر الإتصالات بشكل عام بمختلف صورها الرسمية وغير الرسمية على درجة عالية من الأهمية في المنظمة , فقد اشارت الدراسات والأبحاث بأن الإتصالات تمثل ما يقارب (٧٥%) من نشاط المنظمة , ولذلك فهي تعد بمثابة الدم الدافق عبر الشرايين الحياتية للمنظمة . إذ بدون الإتصالات تموت

أو تضمر الحركة الدائبة للمنظمة . وجميع انشطتها الأخرى , ويمكن ايجاز الأهمية التي تنطوي عليها الإتصالات في المنظمة بما يلي :

١ - يتم من خلال الإتصال نقل المعلومات والبيانات والإحصاءات والمفاهيم عبر القنوات المختلفة مما يسهم بشكل أو بآخر في إتخاذ القرارات الإدارية وتحقيق نجاح المنظمة ونموها وتطورها.

٢ - تساهم الإتصالات في أحكام المتابعة والسيطرة على الأعمال التي يمارسها أعضاء المنظمة وذلك مبنى على أساس المقابلات والتقارير التي تنتقل بإستمرار بين الأفراد عبر المستويات المتعددة للمنظمة , وبذلك يتمكن المدير من الوقوف على نقاط الضعف الخاصة بأداء الأفراد والسعي لمعالجتها بشكل يضمن تحقيق كفاءة عالية في أداء المنظمة.

٣ - الإتصالات هي المفتاح المؤدي للإدارة فتنسيق الجهود يعد أساساً للنظام التعاوني حيث يتم على أساس هذا التنسيق تحقيق أهداف المنظمة بشكل كفؤ.

٤ - تعد عملية الإتصالات بين الأفراد ضرورة أساسية في توجيه وتغيير السلوك الفردي والجماعي للعاملين في المنظمة.

٥ - تعد الإتصالات أحد العوامل المؤثرة في إتجاهات الأفراد العاملين داخل المنظمة.

٦ - يتم من خلال عملية الإتصال , إطلاع الرئيس على نشاط مرؤوسيه كما يستطيع التعرف أيضاً على مدى تقبلهم لآرائه وأفكاره , وصيغ عمله داخل المنظمة وبمعنى آخر , فإن الإتصال يمثل وسيلة رقابية وإرشادية لنشاطات الرئيس في مجال توجيه فعاليات المرؤوسين.

أن الإتصالات على درجة كبيرة من الأهمية بالنسبة لأعضاء المنظمة وخاصة الإدارة العليا منها حيث يقضي المدير ثلثي وقته في الاتصالات وأن الوظيفة الإدارية الأولى للمدير هي تطوير وصياغة نظام الاتصالات في المنظمة.

كما أشار (Greenbaurn) أن هناك أربعة أغراض رئيسة للإتصال :

١ - التنظيم : أي التأكد من أن سلوكيات العاملين ملائمة لتحقيق الأهداف المؤسسية.

٢ - التجديد والأبداع : بهدف تغيير طرق العمل الحالية.

٣ - التوحيد والدمج : أي لتشجيع العاملين ورفع الروح المعنوية.

٤ - المعلومات : أي تسهيل تدفق المعلومات الضرورية للعاملين لإنجاز أعمالهم.

الإتصالات الصاعدة فهي ضرورية للعوامل التالية :

- تساعد المدير على فهم كل ما يتعلق بالعاملين.

- تساعد المدير لتفهم قيم وإتجاهات العاملين.

- تساعد المدير أن يكون يقظاً لأية مشكلة محتملة.

- تساعد على تزويد المدراء بحلول للمشاكل.

- تساعدهم بمعلومات لأتخاذ القرارات.

- أشعار العاملين بمشاركة والمساهمة وبالتالي رفع الروح المعنوية.

- معرفة التغذية العكسية من الإتصال الهابط تمهيداً للتحسين.

أما الإتصالات الأفقية فهي للتعاون والتنسيق لتحقيق الأهداف.

أنواع الإتصالات الإدارية :

هناك نوعان رئيسيان للإتصالات الإدارية :

١ - الإتصالات الرسمية :

وهي ذلك النظام الذي تخضع فيه الإتصالات لقواعد وإجراءات محددة رسمياً ومثبتة بصورة مكتوبة ورسمية , وفيه تتدفق البيانات في المنظمة بما يتمشى ـ والتوزيع الرسمي للسلطات والإختصاصات الوظيفية.

والإتصالات الرسمية على أنواع :

إتصالات هابطة (من الرؤساء إلى المرؤوسين) تكون على شكل أوامر, تعليمات , قرارات ... الخ.

إتصالات صاعدة (من المرؤوسين إلى الرؤساء) تكون على شكل شكاوي , إقتراحات , تقارير ... الخ.

إتصالات أفقية (بين الموظفين على نفس المستوى الإداري) تكون لغايات التنسيق والتعاون.

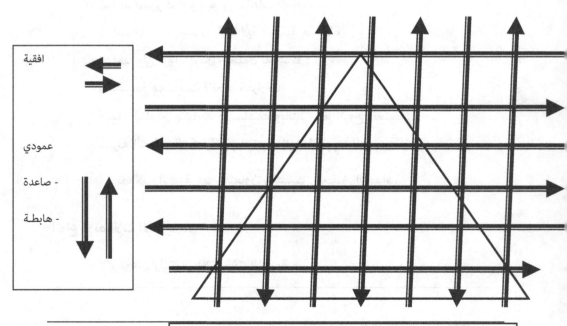

يمثل الهيكل التنظيمي أساساً للإتصالات الرسمية

٢ - الإتصالات غير الرسمية : (اتصال عفوي) من خلال الصدقات والجمعيات.

الإتصالات غير الرسمية هي تلك الإتصالات التي لاتخضع لقواعد وإجراءات مثبتة ومكتوبة ورسمية كالموجودة في نظام الإتصالات الرسمية , وتتم الإتصالات غير الرسمية خلال قنوات خارجة عن القنوات الرسمية المحددة للإتصال.

ففي داخل المنظمة تتم الإتصالات غير الرسمية بين مستويات مختلفة متخطية خطوط السلطة الرسمية , ولايحدث الإتصال غير الرسمي داخل التنظيم فقط بل يتعداه إلى الخارج إذ تتفاعل إدارات التنظيمات مع التنظيمات الأخرى من خلال اللقاءات غير الرسمية أو الإجتماعات أو الحفلات ... الخ.

مراحل عملية الإتصال

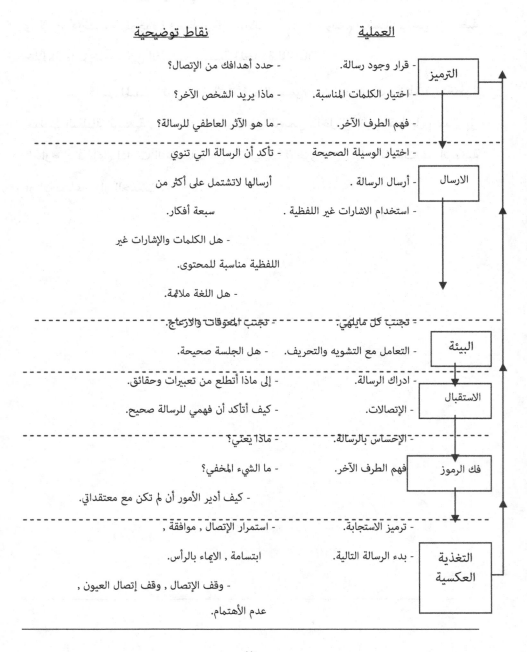

	العملية	نقاط توضيحية
الترميز	- قرار وجود رسالة. - اختيار الكلمات المناسبة. - فهم الطرف الآخر.	- حدد أهدافك من الإتصال؟ - ماذا يريد الشخص الآخر؟ - ما هو الآثر العاطفي للرسالة؟
الارسال	- اختيار الوسيلة الصحيحة - أرسال الرسالة . - استخدام الاشارات غير اللفظية .	- تأكد أن الرسالة التي تنوي أرسالها لاتشتمل على أكثر من سبعة أفكار. - هل الكلمات والإشارات غير اللفظية مناسبة للمحتوى. - هل اللغة ملائمة.
البيئة	- تجنب كل مايلهي. - التعامل مع التشويه والتحريف.	- تجنب المعوقات والازعاج. - هل الجلسة صحيحة.
الاستقبال	- ادراك الرسالة. - الإتصالات.	- إلى ماذا أتطلع من تعبيرات وحقائق. - كيف أتأكد أن فهمي للرسالة صحيح.
فك الرموز	- الإحساس بالرسالة. فهم الطرف الآخر.	- ماذا يعني؟ - ما الشيء المخفي؟ - كيف أدير الأمور أن لم تكن مع معتقداتي.
التغذية العكسية	- ترميز الاستجابة. - بدء الرسالة التالية.	- استمرار الإتصال , موافقة , ابتسامة , الايماء بالرأس. - وقف الإتصال , وقف إتصال العيون , عدم الأهتمام.

مراحل عملية الإتصال

١ - مرحلة ادراك الرسالة : وهي المرحلة الأولى من مراحل الإتصال وفيها يتخذ المرسل قراره بإرسال الرسالة قد تنتج عن حاجة , قصد , فكرة أو أي مؤثر آخر يدفعه إلى نقل رسالته.

٢ - مرحلة الترميز : في هذه المرحلة يحول المرسل أفكاره إلى اللغة أو الرموز المناسبة وتأخذ هذه اللغة الرموز أشكالاً مختلفة فيها : كلمات محكية , رسالة , تقرير , صورة , ومن تعبيرات غير لفظية , أشارات .... الخ.

يعتمد نجاح نقل الرسالة إلى حد كبيرة على اختيار أكثر اللغات أو الرموز مناسبة للموقف

---

٣ - اختيار وسيلة الإتصال : وفي هذه المرحلة يقوم المرسل بإختيار الطريقة التي يرغب في إستخدامها لبث رسالته وقد تكون الوسيلة : مكتوبة , شفوية , مرئية.

ويعتمد أختيار الوسيلة المناسبة على مجموعة عوامل منها :

- الفعالية المتوقعة من إختيار الوسيلة.

- الحاجة إلى إثبات كتابي.

- السرية.

- الوقت المتاح.

- التكلفة.

- الحاجة إلى تغذية عكسية مباشرة.

- الحاجة إلى إظهار اللطف والمجاملة.

- تزامن الوقت الواجب وصول الرسالة به إلى المستقبلين.

- درجة تعقيد الرسالة.

يعتبر إختيار الوسيلة المناسبة من العوامل الهامة في إنجاح عملية الإتصال

٤ - مرحلة فك الرموز : ويقوم المستقبل في هذه المرحلة بتحويل وترجمة الرموز أو اللغة التي إستخدمها الرسل إلى معاني مفهومه وواضحة بالنسبة له.

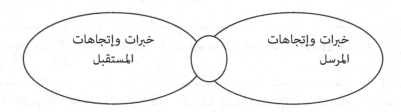

يتطلب نجاح الإتصال أن يكون المرسل والمستقبل على نفس موجة الأرسال وأن يكون لديهما الخلفية والتفاهم المشترك

ويتحقق ذلك إذا إستخدم المرسل لغة وأضحة ومفهومة للمستقبل وإلا فشل في نقل الرسالة.

٥ - إستخدام لغة بسيطة جداً بالنسبة لمستوى المستقبل الأمر الذي قد يدفعه إلى رفض ومقاومة الرسالة.

٦ - تزويد المرسل بالتغذية العكسية.

تعتبر هذه المرحلة من المراحل الهامة جداً والأساسية لانجاح عملية الإتصال حيث تدل على مدى فهم المستقبل للرسالة.

(+) وتعتبر التغذية العكسية إيجابية إذا دلت على أن المستقبل قد استقبل الرسالة وفهمها كما أراد المرسل.

(-) وتعتبر سلبية إذا تبين أن المستقبل لم يفهم الرسالة كما أرادها المرسـل وفي هـذه الحالة يجب أن يقوم المرسل بإعادة رسالته أو إعادة صياغتها وتوضـيحها بالشـكل الـذي يؤدي إلى فهمها من قبل المستقبل.

أما سبب فشل الإتصالات كما فسرها بيتر دركر فيعود إلى عملية الإدراك والتوقعـات والمشاركة وغياب المعلومات.

عناصر عملية الإتصال :

نستنتج من خلال الإطلاع عـلى مراحـل عمليـة الإتصـال أن هنـاك عنـاصر لابـد مـن توافرها لإتمام عملية الإتصال.

المرسل : الجهة الراغبة في نقل المعلومات.

الرسالة : المعلومات المراد نقلها.

الوسيلة : الطريقة التي يختارها المرسل لنقل المعلومات.

المستقبل : الجهة التي تستلم المعلومات.

التغذية العكسية : رد فعل المستقبل الذي يبين مدى فهمه للرسالة.

التشويش : أية عوامل تقلل من دقة الإتصال أو تعيقه.

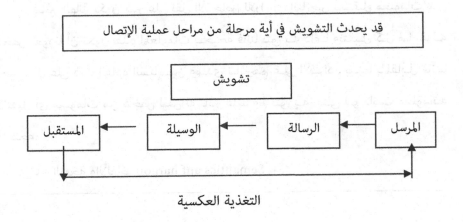

التغذية العكسية

معوقات الإتصال :

١ - الإطار المرجعي Frame of reference

والمقصود بالإطار المرجعي أن يكون الشخص منتمي لمجموعة معينة تعتنق إفكار ومبادىء خاصة بها لذلك يصعب عليه أن يتقبل كل ما هو مخالف لها.

٢ - التعميم والحكم المسبق The stereo type

وهو موقف يتثبت به الشخص في طريقه التصرف أو العمل على نحو معـين والـذي لايتأثر بالحالة أو الوضع أو المعلومة الحالية.

٣ - إختلافات ذهنية Cognitive dissonance كيف تحصل/الاشياء التي مقبولة أو فهم فقط.

حيث تعمل الإختلافات الإدراكية أو عدم إنسجامها إلى إعاقة عملية الإتصال فعـادة ما يلجأ الآخرين إلى سماع وإدراك ما يتناسب مع مايعتقدون به بينما لا يميلون إلى تقبل مـا هو مخالف لذلك.

٤ - أثر الهالة The halo effect

فتأثير الهالة يكون كبير على نقل الأشخاص للاراء أي اننا حين نستقبل معلومات مـن شخص تعودنا أن تكون هذه المعلومات صحيحة فاننا نثق به دائماً ونتقبل كـل مـا يقولـه وخير مثال على ذلك القادة السياسـيين ومـدى تـأثيرهم علـى الأفـراد , بينما بالمقابل فاننا لانتقبل أي معلومات من شخص ليس له تأثير علينا ولم نثق بـه حتـى لـو كانـت معلوماتـه صحيحة.

٥ - اللهجة والألفاظ Semantics anf hargon

ومن الصعوبات المهمة في إعاقة عملية الاتصال هي الألفاظ المستخدمة في الإتصال وكذلك اللهجة فهذه قد تختلف من شخص لآخر مما يؤدي إلى صعوبة وصول المعنى للمستقبل كما هو في ذهن المرسل , فبذلك تتطلب هذه العملية اهتماماً خاصاً من قبل المرسل.

٦ - عدم الإنتباه والنسيان

Not paying attention and forgetting

والمقصود هنا هو إلى أي مدى يعطي المستقبل إهتمام لما يقال أما ما يرى وبناء على عملية التركيز في الإنتباه يعتمد نجاح الإتصال , كما أن مدى التذكر والنسيان لدى الأفراد فيما سمعوه له علاقة كبيرة في تفعيل الإتصال.

ويوضح الجدول التالي ملخص للمعيقات التي تحد من فعالية الاتصال :

المعيقات	المرسل	المستقبل	البيئة
المعيقات في ارسال الرسالة. (١)	- غير مدرك لمتطلبات الرسالة. - عدم ملائمة معلومات الرسالة. - الحكم المسبق على الرسالة. - الحكم المسبق على المستقبل.		
المعيقات في استقبال الرسالة. (٢)		- الإحتياجات والإهتمامات. - القيم والنمعتقدات. - الإتجاهات. - التوقعات. - الحكم المسبق. - الإنتباه للمثيرات	أثر المثيرات البيئية الأخرآز
المعيقات عدم الفهم. (٣)	- اللغة والألفاظ. - مهارات الإتصال. - طول الإتصال. - قنوات الإتصال.	- مشاكل الألفاظ. - التركيز. - القدرة على الإتصال. - المعرفة. - الحكم المسبق. - تقبل الأفكار الجديدة.	
المعيقات في القبول. (٤)	- سمات الشخصية.	- الإتجاهات والآراء.	- الصراع الشخصي.

	- سلوك غير ملائم. - الإتجاهات والآراء. - القيم والنمعتقدات.	- المنعتقدات والقيم. - الحكم المسبق. -تقبل الأفكار الجديدة. - الاطار المرجعي. - سمات الشخصية.	- تعارض المشاعر. - اختلاف الوضع. - مرجعيات الجماعات. - اختلاف الخبرات.
المعيقات في السلوك. (٥)	- التذكر. - مستوى التقبل.	- الذاكرة والانتباه. - مستوى التقبل. - المرونـــة في اغيـــير الســـلوك والاتجاهات. - السمات الشخصية.	- رسائل الصراع. - سلوك الآخرين . - الرعم والموارد.

الفصل السابع : الأوجة الإستراتيجية للمشاركة

- تمهيد

- التطور التاريخي لمشاركة العاملين

- مفهوم المشاركة

- أساليب المشاركة للموظفين في الإدارة

الأوجه الإستراتيجية للمشاركة

Strategic Aspects of Involvement

تمهيد :

إن تنظيم التعاون لتحقيق الأهداف المشتركة هو قديم قدم الحضارة نفسها , لذا كان من المفترض أن يكون علم الإدارة العامة أكثر العلوم تقدماً ولكن على الرغم من تزايد التعقيد في الحضارة الحديثة , وعلى الرغم من الحاجة الماسة للتنسيق الفعال في عمل الجماعات , فإن هذا العلم لايزال في مراحل نموه الأولى , والحقيقة أن النشاط البشري يتجلى بشكل واضح في ميدان الإدارة لأن عمل الإدارة ينبغي التوصل إلى صنع الأشياء عن طريق المساعي التعاونية للأفراد وعلى ذلك فإن المعارف المختلفة التي يملكها أفراد الإدارة لاتكون ذات فائدة كبيرة إذا لم تكن مصحوبة بالتعاون والتنسيق الفعال بين الطاقات البشرية المبذولة في نطاق الإدارة وبناء على ما تقدم يتضح لنا أهمية موضوع المشاركة في العمل الإداري والديمقراطية الإدارية , وبعد هذا التمهيد سنقوم بهذا الجزء بمناقشة أمور متعددة مثل تطور مشاركة العاملين ومفهوم المشاركة وبعض أساليب المشاركة وفوائدها المختلفة.

التطور التاريخي لمشاركة العاملين :

The development of employee involvement

ترتبط المشاركة في الإدارة بالمشاركة السياسية أي مشاركة المواطن في الشؤون العامة لمدينته أو دولته كما ترتبط ارتباطاً وثيقاً بمفهوم الديمقراطية الصناعية Industrial Democracy .

١ - وترجع معظم مصادر المشاركة السياسية بهذا المعنى إلى تجربة الديمقراطية اللاتينية في اليونان القديمة مع أن بعض الكتاب يعتبر أن الديمقراطية لم توجد فقط في اليونان القديمة , كما أن اليونان لم تكن أول دولة تعرف وتطبق

النظام الديمقراطي ولكن دور اليونان ينحصر في أنها كانت المصدر الأول للمؤلفات التي تناولت بالتفصيل مسألة الديمقراطية . وقد بقيت الديمقراطية الاثينيه حية نحو قرنين من الزمن . وقد اختلفت أسباب ظهورها كما تعددت أسباب انهيارها ولكن المهم أن نذكر أنها كانت التجربة الأولى المدونة للمشاركة المنظمة للمواطن في تقرير شؤونه العامة.

٢ - وقد تلاها في العالم أنظمة إستبدادية أو شبه استبدادية . واندحرت فكرة المشاركة ردحاً طويلاً من الزمن.

٣ - إلى أن جاء الإسلام فدعا إلى أفكار تؤسس المشاركة على قواعد عقائدية جديدة تنبثق من الإيمان بالله . وكان من أهم الأوامر الصادرة من الله عز وجل إلى نبيه الكريم (صلى الله عليه وسلم) : فاعف عنهم , واستغفر لهم , وشاورهم في الأمر , فإذا عزمت فتوكل على الله (إل عمران , الآية ١٥٩) ولم يكن أمر الشورى مقتصراً على النبي (صلى الله عليه وسلم) والتزامه بما أنزل الله بل أن الله عز وجل وصف المجتمع الإسلامي كله بأنه مجتمع شورى وذلك بقوله (وأمرهم شورى بينهم) (الشورى , الآية ٣٨).

٤ - كما ونستطيع إعتبار الكتابات عن الأشتراكية مظهراً هاماً لإجياء الإهتمام بالمشاركة مع الأخذ بعين الأعتبار أن المشاركة بدأت تتخذ طابعاً إقتصادياً بشكل رئيسي دون التركيز على المشاركة السياسية بإعتبارها تابعة للنظام الإقتصادي ومتأثرة به.

إن الفكر الإشتراكي في أوائل عصر النهضة يعتبر مثلاً للمشاركة حيث أن الإشتراكية من الناحية النظرية على الأقل , وبغض النظر عن مدى واقعية هذا المطلب وبغض النظر عن درجة التحقيق . تدعو للمشاركة الكلية ابتداء بإتخاذ القرارات وأنتهاء بالمشاركة في عوائد الإنتاج ولابد من ملاحظة أن السبب الرئيسي لدخول العنصر الإقتصادي في المشاركة هو الثورة

الصناعية وتحول النظام الإقتصادي من نظام مبني على الزراعة بشكل رئيسي إلى نظام يعتمد على الصناعة وما تبع ذلك من تحول الفلاحين إلى عمال وتجمعهم في مصانع كبرى شعروا فيها بالحرمان وذاقوا طعم الظروف الصعبة مما خلق لديهم الشعور بالثورة.

٥ - أما فيما يخص المشاركة في النظام الرأسمالي فقد ارتبط النظام الرأسمالي تاريخياً كنظام إقتصادي بالنظام الديمقراطي كنظام سياسي بالمفهوم الغربي وكان لهذا الإرتباط أثر كبير في نمو فكرة المشاركة والإشكال التي تطورت تبعاً لذلك فالنظام الرأسمالي هو الذي ارتبط أصلاً باستغلال العمال ومعاناتهم من الظروف القاسية التي فرضها عليهم أصحاب الأعمال بسبب رغبة الآخرين في زيادة أرباحهم بغض النظر عن معاناة العمال . مما سبق نستطيع أن نستنتج أن المحركين الرئيسيين للمشاركة في الإدارة هما : الفكر الديمقراطي السياسي والتحدي الإشتراكي . وقد تعززت أفكار المشاركة بعد ذلك بإعتبارات أخرى كاحترام العنصر الإنساني والكفاية والفعالية والإلتزام والإنتاجية والمناخ التنظيمي والرضا الوظيفي.

٦ - ومن الناحية العملية كانت دراسات (هوثورن) المعلم البارز الرئيسي في إظهار ضروة الإهتمام بالعمال وآرائهم ثم جاءت بعد ذلك نظريات ودراسات كان لها أثر كبير في تعميق فكر المشاركة وإبتكار أشكال جديدة أو نماذج جديدة للمشاركة . نذكر منها دراسة (رنسيس ليكرت) الذي عرض أربعة نماذج إدارية وهي "الإدارة السلطوية الإستغلالية" "والإدارة السلطوية المحسنة" " والإدارة المستنيرة" "والإدارة المشاركة" وقد بين ليكرت تفوق إدارة المشاركة على الأشكال الأخرى بسبب اعتمادها على النظرة الكلية للفرد وطبيعة الدوافع الإنسانية وأهمية عمليات الجماعة والتفاعل في جو من الثقة والاعتزاز , كما أن الأشكال والممارسات التي تندرج تحت موضوع المشاركة

ولاسيما في الدول الرأسمالية اتخذت تسميات مختلفة مثل التشاور , والمشاركة , والإدارة الديمقراطية , والديمقراطية الصناعية .

٧ - وفي آخر صورة أصبحت تعالج تحت عنوان "نوعية حياة العمل" Quality of Working life (QWL) وعلى الرغم من أن العنوان فضفاض ويمكن إدخال أمور كثيرة فيه فإن هنالك شيئاً واضحاً عنه هو أنه جعل مفهوم المشاركة مفهوماً واسعاً يشتمل على الأساليب الإدارية المعروفة باسم تنمية المنظمة Organizational Development وإغناء الوظيفة Job Wnrichment والتنظيم المصفوفي أو الشبكي Matrix Organization ونتيجة لذلك فإن المنظمة التي تطبق فلسفة المشاركة لاتكتفي باتباع أساليب محددة وضيقة في المشاركة بل تطور هيكل التنظيم وإجراءاته بحيث تعكس فلسفة المشاركة وهذا يستدعي تغييرات في الهيكل التنظيمي تحقق مفهوم إغناء الوظيفة وصفات التنظيم الشبكي من خلال الاعتماد على فرق العمل Teams work وعمل الجماعة Group Work وتتبع أساليب تنمية المنظمة كالإدارة بالأهداف Management by Objectives والإدارة بالإجماع Consensus Management والإدارة بالموافقة والقبول Consent Management .

مفهوم المشاركة Involvement Concept

لايوجد هنالك إتفاق أو إجماع على ماهية المشاركة وبناء على ذلك سنقوم بعرض أكثر من تعريف للمشاركة من أجل الوصول إلى فهم مشترك حول مفهوم وطبيعة المشاركة ولاسيما في مجال الإدارة.

- المشاركة هي تفاعل الفرد عقلياً وانفعالياً مع الجماعة التي يعمل معها بما يمكنه من تعبئة جهوده وطاقاته لتحقيق أهدافها وتحمل مسؤوليته إزاءها بوعي وحماس ذاتي.

- المشاركة هي تلك الجهود المبذولة للتأثير على صانعي القرارات في منظمة ما عند الاختيار بين البدائل.

- المشاركة هي ذلك الترتيب التنظيمي الذي يسمح لجميع العاملين في المنظمة في الإشتراك الفعلي في إدارة المشروع بحيث يكون ذلك عن رغبة حقيقية من جانب العاملين في الحصول على المشاركة وفي نفس الوقت عن استعدادهم لتحمل مسؤوليات تلك المشاركة.

- المشاركة هي إشتراك المرؤوسين في إتخاذ القرارات الإدارية.

وفي هذا الصدد يرى Peter Drucker أن المشاركة ما هي إلا مضمون حسي وعقلي للشخص ضمن المجموعة والتي تشجعه في المساهمة والإشتراك بأهداف المجموعة والمشاركة بمسؤولياتهم.

إن ما عرض من تعاريف لمفهوم المشاركة يستدعي وضع بعض النقاط الأساسية التي توصلنا إلى تصور شامل لمفهوم المشاركة وهي :

١ - أن مشاركة العاملين في الإدارة هي حق طبيعي للقوى العاملة التي تتحكم في العملية الإنتاجية.

٢ - لايمكن لأسلوب المشاركة أن يحقق النجاح إذا لم يكن هنالك تعاون وتفاعل متبادل بين العمل والإدارة بمختلف المستويات الإدارية.

٣ - لايمكن لأسلوب المشاركة أن ينجح بدون الرغبة لدى العمال في الإشتراك إلى جانب الإدارة في رسم السياسات وإتخاذ القرارات اللأزمة والسليمة.

٤ - إن نجاح هذا الأسلوب يحتاج إلى الوعي الذاتي والقناعة الشخصية بضرورة تحمل المسؤولية من قبل الطرفين (الإدارة والعاملين).

وتجدر الإشارة إلى أنه لايمكن اعتبار (المشاركة فعلية) إلا عندما تبدأ بتحديد الأهداف بشكل جماعي مشترك والتعاون في تنفيذ ما تم تحديده وإتخاذه ولهذا فإن عملية المشاركة ليست عملية صراع بين طرفين , بحيث

ينتهي الصراع لصالح أحد الطرفين على حساب الطرف الآخر بل هي مكسب لكل الأطراف بشرط توفر مقومات نجاحها.

والآن سوف نقوم بمناقشة مواضيع ذات صلة وثيقة بموضوع مشاركة العاملين في الإدارة ويمكن أن يطلق عليها أساليب للمشاركة وهي على النحو الآتي :

١ - إيجاز الفريق Team Briefing :

يعتبر فريق العمل إحدى المظاهر الهامة للعلاقات الصناعية ولحركات إدارة الموارد البشرية , إن هذه الوسيلة هي عبارة عن وسيلة إتصال ومشاركة وجها لوجه في الجماعات التي تتراوح من ١٠-٢٠ عاملاً فمسؤول الجماعة يعمل على تزويدها بالمعلومات الحديثة عن المنظمة مع تقديم الإيضاحات وعرض للأسباب حول المواضيع التي تطرح , حيث أن الأفراد يعطوا الفرصة لطرح أسئلتهم واستفساراتهم حيث يقول Townley إن هذه الوسيلة تعتبر من أفضل وسائل الاتصال والمشاركة وأكثرها نظامية لتزويد المعلومات من أعلى إلى أسفل للعاملين , إن هذه الوسيلة أول ما أستخدمت في المجتمعات الصناعية وبشكل محدد استخدمها John Garnett وتم تشجيع هذه الطريقة منذ منتصف الستينات كما أن دراسة لكل من Millward and Stevens أشارت إلى أن ٦٢% من المنظمات المشمولة في مجتمع الدراسة تستخدم هذه الطريقة في العلاقات الصناعية والمشاركة الديمقراطية في المنظمات فنجد أن هذه الوسيلة تم تبنيها من العديد من المنظمات من أجل دعم الإتصالات مع القوى العاملة وللحصول على إيجابيات الإتصالات الهابطة والصاعدة ومن أجل تطوير مواقف العاملين وزيادة تفاعلهم في العمل كما أن هذه الوسيلة تعمل على حض العاملين وتشجيعهم على الإلتزام نحو المنظمة وبالتحديد فيما يتعلق بالتغييرات الرئيسية في

المنظمة وذلك عن طريق تزويدهم بالأسباب الداعية إلى التغيير وإفساح المجال أمامهم لطرح الأسئلة والمشاركة الفاعلة في النقاشات المختلفة.

أما Marchingion إقترح أسباباً أخرى تقف وراء تطور هذه الطريقة وهي أن رغبات أصحاب العمل لتجنب المشاكل الصناعية عن طريق نقابات العمال ومحاولة تحويل الصراع وإدارته داخل المنظمة عن طريق زيادة توقعات العاملين حول حصولهم على مزايا أفضل في تحسين ظروفهم في العمل.

إن إيجاز الفريق Team Briefing له العديد من الفوائد التي تقوي دور المشاركين وكذلك التقليل من الإعتماد على ممثل النقابة العمالية , كما يؤدي إلى تعزيز سمعة المشرفين كمزودين للمعلومات وتقوي الدور الذي يمارسه كمسؤول عن أداء الفريق . وتعقد مثل هذه اللقاءات على فترات زمنية تتراوح ما بين مرة كل أسبوعين إلى مرة كل ثلاثة شهور وهذا يعتمد على الظروف المحيطة بالمنظمة لكنه من الضروري أن يتم تنظيم هذه اللقاءات مسبقاً حتى تكون جزءاً واضحاً من النظام داخل المنظمة , إن تأسيس وبناء نظام إيجاز الفريق Team briefing يواجه بعض الصعوبات حيث يقول Marchingtion : إن إيجاز الفريق هو عمل إداري في طبيعته ومعني بدعم وتشجيع التميز الإداري لذلك فهو يستطيع أن يشاهد من قبل نقابات العمل على أنه أسلوب لإضعاف قوتهم ونفوذهم . أما Beaumont فقد ذكر في مجال إيجاز الفريق في الدراسات الاستكشافية Pilot Study في القطاع العام أن هنالك قليل من العاملين الذين يشاركون في هذه الجلسات وفي تحليله للعاملين وجد أنهم يشعرون بوجود تطابق جزئي بين إيجاز الفريق Team Briefing والنشرة الداخلية للمنظمة وبالتالي الشعور بأن القرارات قد تم أتخاذها وبعض النقاط المهمة تم إلغاؤها بدلا من كشفها.

٢ - إدارة الجودة الشاملة Total quality Management

ظهر هذا المفهوم بعد عام ١٩٨٠م وسبب ظهوره هو تزايد شدة المناقشة العالمية واكتساح الصناعة اليابانية للأسواق وخاصة البلدان النامية وخسارة الشركات الأمريكية والأوروبية لحصص كبيرة من هذه الأسواق إزاء هذا الوضع قامت الشركات الأمريكية بتطوير وتوسيع مفهوم إدارة الجودة الإستراتيجية بإضافة جوانب أكثر شمولاً وعمقاً.

وإستخدام أساليب متطورة في مجال تحسين الجودة والتعامل مع الزبائن والموردين وتفعيل أساليب الجودة ليصبح أسلوباً رقابياً إستراتيجياً على الجودة وبالتالي يلاحظ أن إدارة الجودة الشاملة هي امتداد لإدارة الجودة الإستراتيجية حتى أنه يمكن استخدامها بشكل مرادف ويميز بينهما فقط لغايات الدقة , ذلك لأن إدارة الجودة الشاملة أكثر عمقاً وشمولاً من إدارة الجودة الإستراتيجية.

تعتبر إدارة الجودة الشاملة إحدى التطورات الهائلة في الإدارة وخصوصاً في الجزء الأخير من القرن العشرين كما أنها فلسفة إدارية تقوم على إشباع حاجات وتوقعات الزبائن كما تعرف إدارة الجودة الشاملة على أنها الطريقة التي تؤدي بها الأعمال والتي تسعى إلى تعظيم القدرة التنافسية للمنظمة من خلال التحسين المستمر لجودة المنتجات والخدمات والأفراد والعمليات والبيئة لديها.

ويرتكز مفهوم إدارة الجودة الشاملة على مشاركة جميع العاملين في الجهود المبذولة لتحسين الإنتاج والخدمات وبشكل مستمر ودؤوب ودون توقف كما أن إحدى متطلبات نجاح إدارة الجودة الشاملة هو المشاركة الفاعلة والحقيقية من جميع العاملين باختلاف مستوياتهم الإدارية , والشكل التالي يوضح المكونات الثلاثة الأساسية لمفهوم إدارة الجودة الشاملة.

إدارة	الجودة	الشاملة
١ - الحاجة إلى التزام الإدارة العليا	١ - التوجه نحو الزبائن	١ - الحاجة إلى روح الفريق ومشاركة الموظفين والإدارة معاً.
٢ - وضع الأهداف والقيم التنظيمية.	٢ - التحسين المستمر.	٢ - مسؤولية الجودة مناطة بجميع الأفراد.
٣ - القيادة	٣ - التدريب والتطوير.	٣ - اشتراك جميع المستويات الإدارية في تحقيق الجودة بالمنظمة.
٤ - العمل على التغيير المناسب في الثقافة التنظيمية	٤ - الإهتمام بالأفراد وتشجيعهم على الإبداع.	٤ - تطبيق نظرية النظم في تحقيق سياسة الجودة.

٣ - الأستثمار في الأفراد Investment in People

الإنسان (الفرد) هو الأساس وهو الغاية لكافة التنظيمات الإدارية وهنالك من يقترح مثل R. Likert أن يتم تحديد قيمة Value أية منظمة من خلال تحديد ما تمتلك من قوى بشرية على أساس أن نجاح أية منظمة في تحقيق أهدافها مثل شهرتها في الأسواق وانخفاض التكلفة وأرتفاع المبيعات ... الخ يعود في الأساس إلى نوعية القوى البشرية التي تمتلكها مثل هذه المنظمة.

وهذا يعنى أن مواردها البشرية ذات طاقات وقدرات ممتازة وذات أداء وإنتاجية مرتفعة أي أنها موارد بشرية ذات قيمة مرتفعة (High value).

يقودنا هذا الحديث إلى نقطة أساسية خاصة بالموارد البشرية وترتبط بموضوع القيمة وهي أن هنالك نظرة حديثة إلى إعتبار الموارد البشرية موجودات Assets ذات أهمية مثل الموجودات الأخرى كالآلات

والماكينـات والمنشـآت . إلا أن كافـة الموجـودات باسـتثناء المـوارد البشرـية إذا اعتبرناهـا موجودات تتناقص أهميتها Depreciate مع مرور الزمن نتيجة لاستخدامها ثم تتحول إلى شيء بلا قيمة (خردة) أما القوى البشرية فإنها تختلـف عـن بـاقي الموجـودات حيـث أنهـا تكتسب مع مرور الوقت المزيد من الخبرة والمهارات مما يصقل أداءها ويزيد من إنتاجيتها , أي أنها تزداد قيمة Appreciate بمرور الوقت.

من هذا المنطق فثمة اتجاه حديث ومستقبلي بخصوص إدارة الموارد البشرية , ينظر هذا الإتجاه إلى كل ما ينفق على الموارد البشرية على أنها استثمار مستقبلي ذات عائـدات ومنافع متعددة لكل من المنظمة والفرد.

الفصل الثامن : إدارة الفريق

- تمهيد

- فوائد فرق العمل

- انماط الفرق

- فعالية الفريق

- هل تعتبر الفرق الأجابة الصحيحة (الحل الأمثل)

إدارة الفريق Team Performance

تمهيد :

يمكننا أن نصف عقد التسعينات بأنه عصر الفريق والعمل الجماعي , حيث بدأ نمط الفريق في العمل بفرض نفسه في المنظمات كنمط متميز في الأداء والإنتاج , ولايتعبر الفريق مجرد مجموعة الأفراد الأعضاء فيه , فهو يتطلب جهوداً جماعية وليست تنافسية , حيث يتحمل كل عضو مسؤولية أدائه الفردي فقط وبناء عليه تختلف الفرق التنظيمية عن بعضها وفقاً لما يلي :

أ - المدى الزمني Time span : بعض الفرق تنشأ لغاية حل مشكلة ما , وبمجرد حلها يتم حل الفريق , كما أن هنالك فرق أخرى يطول بقاءها بسبب ارتباطها بأداء مشروع معين , إذ ينتهي الفريق بالانتهاء من المشروع ولكن هناك فرق أخرى دائمة مثل فرق الإنتاج.

ب - التبادلية Interehangeability : من الضروري في بعض الفرق أن يتعلم كل فرد كافة المهارات المطلوبة للأداء في الفريق , وفي أنماط أخرى من الفرق وفرق متعددة المهام , لا يعتبر هذا الأمر ضروريا فكل فرد عليه أن يستخدم مهاراته دون الحاجة لتعلم مهارات الآخرين.

جـ - المهمة والمدى الوظيفي Task and Functional range: بعض الفرق تصمم كي تؤدي مهمة بأكملها , وهذا يعني وجود مدى واسع من الأنشطة - مثل الفرق متعددة المهام - وهي على عكس الخط التقليدي للإنتاج , حيث تقسم المهمة إلى أجزاء.

فوائد فرق العمل : Benefits of Teams :

١ - مستوى الجهد : حيث إن فرق العمل تقلل الجهد الملقى على عاتق كل شخص وهذا يؤدي إلى إنجاز العمل بشكل أفضل.

٢ - تحقيق رضا أعضاء الفريق : عندما يقوم كل فرد بواجبه حسب تخصصه وبشكل جيد هذا يؤدي إلى الرضا الداخلي عن أدائه للعمل , وبالتالي رضا المدراء عن تأديته للمهمة بشكل عام.

٣ - معرفة مهارات متوسعة في العمل (تكافؤ العمل) : عندما يكون لكل فرد في الفريق معرفة وخبرات ومهارات متخصصة هذا يؤدي بدوره إلى التنوع وبالتالي تكامل العمل وتحقيق الأهداف.

٤ - تحقيق المرونة التنظيمية : يساعد فريق العمل على تحقيق وإحداث المرونة التنظيمية داخل العمل , كما ويساعد على التكيف مع الهيكل التنظيمي مما يؤدي إلى إستخدام النظام المفتوح في العمل (Open System) .

أنماط الفرق Broad team types :

أ - فرق الإنتاج والخدمات Production and service teams: كما وتعرف أيضاً بفرق الإدارة الذاتية أن فرق العمل ذات الإدارة الذاتية , وهذا النمط من الفرق يمنح سلطة وضع ميزانيته وتحديد وطلب الموارد , تنظيم التدريب , إختيار الأعضاء الجدد .. , إذ نلاحظ أن هنالك تفويضاً لأداء هذه المهام التي كانت بالسابق تتم على قيمة الهرم التنظيمي وسبب ذلك التفويض هو الاعتقاد بأن الفرق تتمحور حول إنجاز مهمة واحدة وكذلك فإن أعضاءها يمتلكون كافة المهارات المطلوبة . أما بخصوص قائد الفريق فيتم تعيينه من الخارج أو قد يبرز ذاتيا من بين أعضاء الفريق , وأيا كانت الطريقة المتبعة فإن القائد يعتبر من نفس مستوى الأعضاء ويشارك مثلهم في الأداء.

هذا وتوجه فرق الإدارة الذاتية عدداً من المشاكل وأهمها :

١ - مقاومة أجزاء أخرى من التنظيم Besistance from other parts of the organization : إن هذه الفرق لها تأثيرها على بقية إجزاء التنظيم التي يكون لها ردة فعل عليه , فقد يحدث صراع بين المدير

التقليدي والفريق حول تحديد سلطة إتخاذ القرارات وبصورة عامة فإن مناخ المنظمة يجب أن يكون مسانداً للقيم التي تم غرسها في الأفراد من أستقلالية وإستعداد للتعلم.

٢ - مقاومة من داخل الفريق Resistance within the team : الأفراد الذين كانوا وعلى مدى عدة سنوات يتلقون الأوامر يحتاجون بعض الوقت كي يتولوا هذه المسؤولية بأنفسهم لذا من الأسهل أن يتم تشغيل الفرق الذاتية في مواقع العمل الجديدة وإعطائهم الفرص الحقيقية والكافية لتطوير ذاتهم وإثبات أنفسهم في مواقع المسؤولية المختلفة , وهذا نوع من الديمقراطية الحقيقية في العمل الجماعي.

٣ - ضغط النظراء Per Pressure : إن الضغط الذي يحدثه النظراء يؤدي إلى التوتر وتدمير كثير من الفوائد التي قد تحققها مشاركة الفريق.

ب - الفرق متعددة المهام Cross-Functiona Management Teams : وتجدر الإشارة هنا إلى أن أعضاء هذه الفرق يحتفظون بأدوارهم داخل التنظيم إضافة إلى دورهم في الفريق والفكرة الأساسية للفرق متعددة المهام هي أن كل عضو يمارس مهاراته وخبراته من وظيفته الأساسية ويكرسها لصالح مهمة الفريق وجمع هؤلاء الأفراد مع بعضهم يؤدي إلى إيجاد لغة مشتركة ويقضي على الحدود بين الأقسام والدوائر . كما أن مقاييس الأداء لهذه الفرق تعتبر أمراً ضرورياً ليس لأنها تقيس الإنجاز فقط, بل لأنها تقيس مدى التقدم وتعمل على تحديد المشاكل لحلها , وحتى تكون هذه المعايير أكثر فعالية يجب أن يضعها الفريق نفسه ولا تفرض عليه من الخارج , لأن الفريق أقدر على تحديد المعايير المناسبة لأداء عمله كما تعتبر عملية وضع المعايير من قبل الفريق كامل توحيد له وتشكل فرصة لإيجاد لغة مشتركة بين أعضائه . ومن الأمثلة على هذا النوع من الفرق فريق الإدارة العليا.

جـ - الفرق الوظيفية **Functional Teams** : هذه الفرق تتكون من أفراد يعملون ضمن وظيفة واحدة والسبب وراء إيجاد هذه الفرق هو إعطاء الزبون مجموعة من الأفراد يرتبطون بهم وهذه المجموعة أصغر من الدائرة أو القسم مما يوفر معرفة أفضل بالزبون وتفهم حاجاته.

د - فرق حل المشاكل **Problem-solving teams** : هذه الفرق قد تتواجد ضمن فرق الوظائف أو الفرق متعددة المهام ففي الفرق الوظيفية قد تكون على شكل دوائر الجودة (**Quality circles**) حيث يتطوع العاملين بتجمعيهم لمناقشة قضايا الإنتاج والنوعية التي تؤثر على عملهم وقد تتألف فرق وظيفية أخرى من أفراد يختارون بعناية للمشاركة في تطبيق تطوير رئيسي داخل الدائرة أو الوظيفة؟

أما في الفرق متعددة المهام فيجتمع أعضاءها لحل مشكلة ما , ويبقون معاً إلى أن يتم حل المشكلة وهذه الفرق تختلف عن الفرق الإدارية متعددة المهام , فوظيفيتها ليست إدارية وإنما جمع وتحليل البيانات وتكوين فكرة حول طبيعة المشكلة وتقديم التوصيات حول طريقة حل المشكلة ومن ثم ترفع للإدارة العليا وهنا ينتهي دور الفريق إذاً فليس لهم أي دور في تنفيذ حل المشكلة.

فعالية الفريق Team effectiveness :

حتى يكون الفريق فعالا يجب أن تكون لديه رؤية واضحة ومتفق عليها , إضافة إلى وجود أهداف وقوانين تحكم عملهم الجماعي , كما ينبغي أن يكون أعضاء الفريق منفتحين وصادقين مع بعضهم البعض , وأن يستعدوا لمواجهة مختلف الصعويات والاختلافات وأن يتعاملوا مع الصراعات بطريقة تعاونية لتحقيق أهداف الفريق.

أما حجم الفريق فيجب أن يكون مناسباً (صغير كفاية) Small Enough مـن أجـل اتصالات عملية وفعالة هذا بصورة عامة أما المواضيع الرئيسية والمؤثرة في فعاليـة الفريق فيمكن إجمالها في النقاط الآتية :

١ - اختيار أعضاء الفريق Selection team members : تعتمـد فعاليـة الفريق وبشكل كبير على ملائمة أعضائه وسواء تم اختيار الأعضاء الجدد من قبل الفريق نفسـه أو من قبـل جهـة خارجيـة فلابـد أن يتم الإختيار بحـذر شـديد بحيـث يتلائمـوا مـع الفريق وتوجيهاته , كما أن هنالك ثلاثة معايير لاختيار أعضاء الفريق وهي :

- الخبرة الفنية أو الوظيفية (تخصص أعضاء الفريق).

- مهارة إتخاذ القرارات وحل المشكلات.

- مهارة التواصل مع الآخرين.

ويمكن أن يتم اختيار أعضاء الفريق بطريقة أخرى : كل فريق يتكون مـن مجموعـة من الأدوار وكل عضو يصلح لأداء أحدها , فلا بد من إنسجام شخصية العضو مع متطلبـات الدور الذي يلعبه في الفريق وتغيب أي دور منها أو قيام أكثر من شخص بلعب ذات الـدور سيؤثر بصورة سلبية على فعالية الفريق , والحل يكمن في التوازن , وهذه الأدوار هي :

أ - المنسق Co-ordinator : يملك رؤية واضحة لأهداف الفريق, ويملك المهـارة في جعل الأفراد يساهمون في أدائها عوضا عن فرض رأية , وهو شخص منضبط ويفرض هـذا الانضباط على أعضاء فريقه.

ب - المشكل Shaper : وهو شخص يمتلىء بـالحماس والدافعيـة نحو الإنجـاز , ويسعده أن يقدم آراءه وأن يدخل في تحد مع الآخرين , وهـو يعمل علـى إيجـاد نمـوذج العمل خلال المناقشات ويحاول جمع الأشياء مـع بعضها كي تبـدو معقولـة وعمليـة وعلـى أساسها يعمل الفريق.

جـ - صانع الأفكار Plant : هو صاحب الأفكار المميزة ويتحدى الطرق التقليدية في التفكير وبدون أفكاره الخلاقة سيجد الفريق صعوبة في إحراز أي تقدم وقوة هـذا الشخص تكمن في نظرته الجديدة وليس في مساهمته في تفاصيل العمل.

د - الباحث عن الموارد Resource Investigator : وهو شخص صاحب أقوى علاقات وإتصالات , ماهر في الحصول على المعلومات والدعم من الخارج , وهـو متحمس في سعيه لتحقيق أهداف الفريق.

هـ - المنفذ Impllementer : وهو شخص منظم وفعـال في تحويل الأفكار الكبيرة إلى مهارة إدارية وخطط يمكن تطبيقها , وهو منطقي ومنضبط في عمله لكنه قـد يواجـه بعض الصعوبة في أن يكون مرناً.

و - العامل ضمن الفريق Team worker : هو الشخص الذي يعي وجود الآخرين في الفريق ويعي حاجاتهم واهتماماتهم ويحاول أن يوجد انسجاماً بين الأعضـاء ويقلل مـن الصراعات وتزداد أهمية هذا العضو عندما يواجه الفريق فترة صعبة.

ز - المكمل Completer : وهو الشخص الذي يحـدد المواعيد النهائيـة ويتأكـد مـن إنجازها وعادة ما ينقل الإحساس بالإلحاح إلى أعضاء الفريق مما يدفعهم إلى العمل كما أنه فعال في تدقيق التفاصيل.

ح - المراقـب المقيـم Monitor evaluator : هـذا الشخص مـاهر في رؤيـة كافـة الخيارات المتاحة ولديه منظور إستراتيجي ويستطيع الحكم على الموقف بدقة لكنه قـد يكون كثير الانتقاد ولايصلح في المهام وتشجيع الآخرين.

ط - المختص Specialist : هذا الشخص يقدم المهـارات والمعرفـة المتخصصة لكنه يتصف بالنظرة الضيقة , حيث يفشل كثيراً في رؤية الصورة كاملة.

٢ - **تدريب قائد الفريق والمدير Team leader and manager training** : يبدأ قائد الفريق والمدير يلعب أدوار جديدة , حيث يجد قائد الفريق نفسه متحملاً مسؤوليات جديدة مثل دعم الفريق , التخطيط وتنظيم أنشطة الفريق ... الخ وهي مسؤوليات لايمتلك أي خبرة وتدريب فيها , وكذلك المدير يحتاج إلى التدريب كي يتحول من دور الموجه والمسيطر إلى دور المدرب والمستشار وهذا التدريب لايجب أن يكون فقط حول المهارات الجديدة , وإنما يعتبر فرصة مناسبة لتغيير فلسفة التنظيم وتوجهات الأفراد.

٣ - **تدريب عضو الفريق Team member training** : يحتاج كافة أعضاء الفريق إلى التدريب لتدعيم عملهم في البيئة الجديدة وفي ظل قواعد مختلفة , وبسبب المسؤوليات الجديدة وزيادة المشاركة وأحيانا قيادة الأنشطة , فإن التدريب يصبح مطلباً مهماً , كما أن التدريب على المهارات الفنية يمكن أن يتم داخل الفريق , فأي عضو يمتلك المعرفة المطلوبة يمكن أن يدرب الآخرين عليها.

٤ - **تطوير الفريق Team development** : يمكن أن يتم تطوير الفريق من خلال عدة طرق أهمها التطور خلال أداء المهمة نفسها , فبالتجربة يضع الفريق لنفسه دليلا يساعده في العمل ويساعد أيضاً في وضع تفهم لكيفية إنجاز الأشياء سوياً كما ويمكن تطوير الفريق أيضاً بفحص الطريقة التي كانوا يعملون بها سوياً منذ إنشاء الفريق وذلك لتحديد نقاط القوة والضعف لكل عضو في الفريق وهذا يساعد على إدراك سبب حدوث الأشياء ويفتح المجال أمام بعض التغييرات . كما يمكن اللجوء إلى عملية مراجعة ما يتفنه الفريق ومالا يتقنه , وماذا يستطيع أن يقدم الفرد كي يساعد زملاءه في إنجاز مهامه بفعالية وماهي التعديلات التي يمكن عملها في طريقة تنظيم الفريق نفسه.

وتعتبر مراحل بناء الفريق هي ذاتها مراحل تطويره , وهذا المراحل هي :

أ - **مرحلة التشكيل Forming stage** : محاولة أعضاء الفريق فهم طبيعة عملهم , والشعور أنهم جزء من الفريق , ومن المحتمل أن يكونوا قلقين من بعضهم البعض ويحاولوا إخفاء مشاعرهم.

ب - مرحلة العواطف Storming stage : تظهـر الصـراعات والمنافسـة بيـن الأعضاء فيحاول بعضهم السيطرة وآخرون يفضلون الإنسحاب.

جـ - مرحلة العلاقات الطبيعية Norming Stage : يبـدأ الأعضـاء بتنظيـم أنفسهم ويصبحوا أكثر انفتاحاً على آراء الآخرين ويرون أن المشاكل تخص المجموعة كاملة.

د - مرحلة الأداء Performing Stage : وهنا يكون قد تطور إحسـاس بـالولاء نحـو المجموعة ويساهم الجميع في جو يسوده الانفتاح والثقة وبالتالي زيادة الإنجاز والأداء.

٥ - التقدير والمكافآة Recognition and reward : فقد يكون التقـدير علـى شـكل مقالات في صحيفة الشركة أو تقارير محلية حول نجاح الفريـق أو إدراج اسم الفريق علـى المنتج أو بالمكافأة المالية ومن الضروري ألا تتعارض أنظمة المكافأة الفرديـة مـع دعـم أداء الفريق . ويمكن تعديل نظام الدفع ليصبح على أساس المهارات المكتسبة عوضاً عن العمل المنجز , حيث يكتسب أعضاء الفريق مهارات متعددة من بعضهم البعض.

هل تعتبر الفرق الإجابـة الصـحيحة (الحـل الأمثـل) Are teams always the right answer

قد يبدو أن العمل الجماعي يزيد من الأداء والالتزام نحو التنظيم لكن هنالك ثلاثة قضايا يجب إثارتها .

أولا : لايشعر جميع العاملين بالراحة أو لايقدموا أفضل ما لديهم في الفرق.

ثانياً : لايعتبر العمل الجماعي دائماً الطريق المناسبة.

ثالثاً : لاتكون جميع الفرق فرق فاعله . كما أن هنالك انتقاد بأن الفرق قد يكون لها تأثير عكسي قد يعوق الإبـداع , فـالفريق قـد يواجـه صـعوبات في إيجاد الانفتـاح والثقة والإلتزام اللازمين.

الفصل التاسع : إدارة التنوع

- تمهيد

- تكافؤ الفرص وإدارة التنوع

- الفروق الرئيسية بين مداخل الفرص المتساوية ومداخل إدارة التنوع

- مراجعة التشريعات

- إدارة وتقييم التنوع

- الجماعات أم الأفراد

- عملية إدارة التنتوع

- أبعاد التنوع

- الفرص المتكافئة أم إدارة التنوع

إدارة التنوع Managing diversity

تمهيد :

نقوم بالتمييز بين الأفراد بأكثر من طريقة سواء في حياتنا اليومية أو في مجال العمل . فطريقة الاختيار بين مجموعة من المتنافسين على وظيفة ما على سبيل المثال هي للتمييز عملياً بين مجموعة من الأفراد من أجل تقديم مكافأة العمل لفرد دون الآخرين . كما أن بعض أنماط التمييز مقبولة وبعضها الآخر ليس كذلك ووجدت هذه الأشكال الأخيرة بشكل غير قانوني . وتبقي العوامل المؤثرة على ذلك التمييز والعوامل الأخرى المرتبطة به موضوع مهم في تحديد أي شكل من أشكال التمييز المقبول.

لقد أنتجت التشريعات كدساتير إدارية لتطبيق التكافؤ وكذلك بعض المبادرات الفردية للمساواة بعض التطور باتجاه العدالة في تحقيق معاملة الأقليات كمجموعات.

ولكن يبقى بعض الإثباتات التي لايمكن التهرب منها على وجود واستمرارية التمييز ومن المداخل الأكثر حداثة في مجال الأعمال للحالة المتمثلة في الفرص المتكافئة : اقتصاديات الفرص المتكافئة , تقييم وإدارة التنوع في المنظمات , والإتجاه السائد للفرص المتكافئة ما هو إلا استجابة للتطور غير الكافي والذي تم التوصل إليه حتى الآن . وسنقوم بهذا الجزء بمناقشة الفروقات بين المدخل التقليدي الدارج للفرص المتكافئة ومدخل إدارة التنوع ومن ثم تلخيص التشريعات وثيقة الصلة بهذا الموضوع والمرتبطة بقضايا مثل الجنس , العرق , الإعاقة , العمر.

تكافؤ الفرص وإدارة التنوع Equal opportunities and Managing diversity :

كان هناك دائما مجموعات محددة في أي مجتمع تتعرض للتمييز في مواجهة أي معاملة تفضيلية بسبب التحيزات التي يمارسها عليهم الأفراد الآخرين الذين يجب عليهم التعامل معهم . ولربما يكون الأفراد أو المجموعات التي تمارس هذه القناعة التمييزية غير مدركين لتلك الطريقة التي يرون بها الأشياء ويحكمون بها على الأشخاص . وهذه الآراء التحيزية تؤثر على تصرفات الأشخاص المتأثرين بها وعلى طبيعة تعاملهم مع الآخرين , وتأثيرات هذه الصناعات التحيزية يمكن أن ترى بشكل واضح في ميدان الأستخدام وعلى ارتباط ذلك وعلى نحو معقد بالتمييز في باقي المجتمع كما أن المجموعات التي يمكن أن تتعرض للتمييز هي النساء , الأفراد من جذور عرقية مختلفة , الأشخاص العاجزين وكبار السن .. الخ.

كما أن هنالك دائماً الكثير من النقاش وبشكل متواصل حول الإجراءات التي يجب أتخاذها للتقليل من الأضرار التي تتعرض لها الفئات سالفة الذكر . وبهذا الصدد يمكن أن نركز على دور القوانين والتشريعات كأدوات ضغط نحو تغيير الممارسات التحيزية إضافة إلى بعض الجهد لتغيير تلك الممارسات بشكل مباشر, مع أن مصطلحات مثل تكافؤ الفرص , وإدارة التنوع تستخدم بشكل متضارب وعلى نحو متناقض ولزيادة التعقيد هنالك فروقات في منظور معنى إدارة التنوع وتكافؤ الفرص من حيث الزوايا التي ينظر بها إلى الممارسات التحيزية , ففي حين يقوم مدخل تكافؤ الفرص بمحاولة التأثير على التصرفات من خلال التشريع , إذ يكون التمييز ممنوعاً ومحظوراً وبذلك التعامل مع ظاهرة التمييز بموقف أخلاقي ومعنوي يحافظ على حقوق جميع أعضاء المجتمع . بينما يؤكد مدخل إدارة التنوع على الاهتمام بصورة خاصة بالاقتصاد وحالة التجارة من أجل معاملة متكافئة , فهذا المدخل يعرض المنافع والمزايا للموظفين إذ هم ساهموا في ضمان أن جميع من في المؤسسة أو المنظمة يقيم ويعطي الفرصة لتطوير مساهمتهم في

المنظمة إلى أعلى حد ممكن وبدون ممارسة أي نوع من أنواع التمييز بينهم في مجال العمل سوى درجة مساهمة كل منهم في تطوير العمل إذا المعيار الحقيقي للتفضيل هو المساهمة في تطوير العمل , وتجدر الإشارة هنا إلى أن المنظمة التي تمارس التمييز سواء كان بشكل مباشر أو غير مباشر في مواجهة كبار السن أو العاجزين والنساء أو الأقليات العرقية سوف تقتصر في الاستفادة من المهارات المتوافرة لديهم والتي يمكن الاستفادة منها وبشكل جيد وبناء.

بالإضافة إلى ذلك فإن قيمة تنوع الموظفين ومساهماتهم تعتبر مصدر إغناء للمنظمة وإضافة قيمة جديدة لها (Added value) . وبالإضافة إلى الفروقات التي أوردناها سالفاً نقول : أن مدخل الفرص المتكافئة يقوم بالتركيز على المجموعات المتأثرة سلبياً (المتضررة) من ظواهر التمييز ويضع لها الأهداف لضمان أن يتم تمثيلهم كمجموعات في مجالات العمل بنسبة معادلة لنسبة تواجدهم في المجتمع . على الجانب الآخر تهتم إدارة التنوع بالفرد لا بالجماعات وتهتم بتحسين فرص جميع الأفراد وليس فقط أولئك الذين يمثلون مجموعات أقلية وبذلك فإن إدارة التنوع يؤثر على جميع الأفراد وتفيد جميع الأفراد . وهذا التركيز يصبح مساهمة في تغيير الثقافات لأن الجميع يقيم بتنوع واختلاف مساهماته.

الفروق الرئيسية بين مداخل "الفرص المتساوية" ومداخل إدارة التنوع :

تظهر الفروق الرئيسية بين مداخل الفرص المتساوية ومداخل إدارة التنوع من خلال الجدول الآتي :

مداخل إدارة التنوع Management of Diversity	مداخل الفرص المتساوية Equal opportunities	الجانب Aspect
الاستفادة من إمكانات العاملين لتعظيم المزايا أو الأفضليات.	تقليل التمييز	١ - الغرض "الهدف"
حق مشروع - شأنه تحسين الربحية	أخلاقي معنوي	٢ - قضية أو حجة للمناقشة
كل المديرين	قسم الموظفين	٣ - مسؤولية من؟ "على من تقع المسؤولية"
الأفراد	الجماعات	٤ - زاوية التركيز
اندماج (تكامل)	التعامل مع الحاجات المختلفة لمجموعات مختلفة (التمييز)	٥ - منظور الرؤية
تحسين الفرص لكافة العاملين تعطل مع حاجات معينة.	تحسين فرص المجموعات التي تتعرض للتمييز بشكل أساسي من خلال أهداف موضوعة.	٦ - فوائد العاملين
متسلط استغلال الطاقات	التطويع/أجبار قانون يعرض	٧ - التركيز في النشاط الإداري
تغيير الثقافة/افكار	تغيير النظام والتطبيقات/موجود	٨ - وسائل المعالجة

مراجعة التشريعات : A review of the legistlation

يحتوى هذا القسم على التشريعات والقوانين الطوعية للممارسات المختلفة اتجاه التنوع الحاصل في المجتمع والمحفزات الوطنية وذلك على النحو الآتي :

أولاً - في مجال المرأة Women : التشريعات الرئيسية المرتبطة بمساواة المرأة في العمل وهي :

١ - قانون الأجر المتساوي لعام ١٩٧٠م The Equal Pay Act ١٩٧٠ :

كان هذا القانون أول القوانين المطالبة بالمساواة في العمل بين الرجل والمرأة , وحدد القانون الحالات التي يجب أن يكون فيها وضع المرأة مساوياً لوضع الرجل في العمل , وهي :

أ - عندما تظهر المرأة بأنها تقوم بعمل مثيل لعمل الرجل.

ب - عندما تظهر المرأة بأنها تستطيع القيام بعمل بقدر بشكل متساوي لما يقدر به عمل الرجل.

تطبيق القانون Enforcement of the Act :

لجعل القانون قابل للتنفيذ , تستطيع المرأة بالمطالبة وعلى أساس فردي بحقوقها والتقدم بدعواها لدى أكثر من جهة منها المحكمة , والاستئناف ممكن لدى محكمة استئناف العمل ومن ثم محكمة الاستئناف وأخيراً , في مجلس اللوردات (النبلاء الإنجليز) وهذه الإجراءات جميعها والوارد نصها في القانون لا يجب أن تستغرق أكثر من سنتين.

العوامل المادية الحقيقية (الأصلية) Genuine material factors :

صاحب العمل من جهة أخرى يستطيع أن يدعي بأنه وعلى الرغم من مساواة عمل الرجل بالمرأة إلا أن الأجر المستحق مختلف ويجب أن يبقى مختلف وذلك بسبب العوامل المادية والتي ليس من ضمنها الإختلاف في الجنس ومن هذه العوامل ـ

١ - تطور فترة الخدمة.

٢ - المهارات القيادية.

٣ - مواصفات العامل نفسه.

٤ - الإنتاجية الأعلى .

وعلى الصعيد الفردي الاختلافات الفردية بين العاملين ومن هذه العوامل مـا يعـزى لأسباب وفوارق غير فردية منها النقص في الكفاءات وقوى السوق وتأثيراتها.

٢ - قانون التمييز الجنسي لعام ١٩٧٥

The Sex Discrimination Act, ١٩٧٥

وقد بدأ تطبيق هذا القانون مع تطبيق قانون الأجر المتساوي , وهذا القانون يهتـم بظواهر التمييز بين الجنسين في مجال العمل وفي غيرها من المجالات ويتركز اهتمام القـانون في مجالات الأعمال على الاختيار , وتوافر فرص التدريب والتقدم في مجـال العمـل , وتـوفير المنافع والمرافق , والصرف أو الطرد من العمل.

٣ - لجنة المساواة في الفرص

Equal opportunities commission (EOC) :

تم إيجادها من خلال قانون التمييز الجنسي لعام ١٩٧٥م وتتلخص واجباتهـا بشكـل رئيسي على النحو الآتي :

١ - القضاء على التمييز على أساس الجنس أو الحالة الاجتماعية.

٢ - ايجاد فرص متكافئة بين الرجل والمرأة بشكل عام.

٣ - مراقبة تطبيق قانوني التمييز الجنسي والأجر المتساوي.

ولقد جعل هذا القانون أي تمييز بين الرجل والمـرأة حسـب الخلفيـات الإجتماعيـة عمل غير قانوني في المجال الوظيفي وقام القانون بتوضيح معنى التمييز المباشر وغير المباشر

طرق وأشكال التمييز Ways of diseriminating :

أ - يظهر التمييز الجنسي المباشر عندما يتلقى شخص ما معاملة أقل تفضيلية بسبب جنسه وفي نفس الظروف.

ب - يظهر التمييز ضد الأشخاص المتزوجين بشكل مباشر عندما يتم كعاملة الشخص المتزوج بشكل أقل تفضيلية بسبب كونه متزوجاً عنه لدى الآخر غير المتزوج في نفس الظروف.

جـ - قد يظهر التمييز الجنسي غير المباشر عندما يتم تطبيق الشروط بشكل متساوي بين الجنسين إذ يكون لهذه الشروط تأثيرات سلبية عند تطبيقها على جنس دون الآخر.

د - قد يظهر التمييز ضد المتزوجين بشكل غير مباشر رغم أن صاحب العمل يضع نفس الشروط والمطالب على كل من المتزوجين وغير المتزوجين ولكن في التطبيق يكون لهذه الشروط والمطالب تأثيرها على المتزوجين دون غيرهم.

هـ - ضحايا التمييز قد يكونوا كذلك بسبب معاملة صاحب العمل للموظفين من الجنس الآخر معاملة أقل تفضيلية.

ويستطيع ضحايا هذا التمييز سواء المباشر أو غير المباشر , رفع شكواهم على أساس فردي ودعاواهم القضائية بنفس الكيفية التي تم شرحها في ذلك عند الحديث عن قانون الأجر المتساوي.

التمييز غير القانوني Unlawful diserimination :

ويمكن لنا الحديث عن هذا الموضوع من خلال ما يلي :

١ - الموظفين المحتملين Potential employees : من غير القانوني ممارسة التمييز في مقابلات التوظيف , وفي الإعلانات وفي شروط عرض العمل.

٢ - الموظفين الحاليين **Present employees** : من غير القانوني التمييز بين الموظفين في أكثر من مجال منها فرص الترقية , النقل من مكان العمل والتدريب , وفي الاستفادة من مميزات العمل الخاصة مثل المغادرات للدراسة أو استخدام سيارات العمل.

قوى تطبيق قانون التمييز الجنسي

: Enforcement to the sex discrimination Act

هنالك جانبان لتطبيق هذا القانون هما :

أ ـ من خلال لجنةالفرص المتساوية (EOC) فهذه هي الجهة الوحيدة المخولة باتخاذ فعل متعلق بالتعليمات أو ضغوط التمييز فيما يتعلق بممارسات التمييز أو الإعلان أو التمييز المستمر.

ب ـ في جميع الحالات الأخرى يستطيع الأفراد الذين يشعرون بأنهم يعانون من إجراءات تمييز التقدم بالدعوى لدى المحاكم كما تم توضيحه في قانون الأجر المتساوي.

قانون حماية العاملين The Employment protection Act, ١٩٧٨ :

يعمل هذا القانون على ضمان حق العامل في وقت الراحة مدفوع الأجر كما يضمن حق المرأة في أن لا تعامل بشكل غير عادل نتيجة حملها وأهمها منع فصلها بسبب هذا الحمل وكذلك دعم حقها بالحصول على فترة ولادة مدفوعة الأجر لاتقل عن ستة أسابيع , وحق العودة بعد فترة الولادة والحضانة.

قانون الضمان الاجتماعي The Social Security Act, ١٩٨٩ :

منذ بداية تطبيق هذا القانون عام ١٩٩٣م (هذا بالنسبة لبريطانيا) أصبح من غير القانوني أن تقوم أنظمة الفوائد المهنية بما فيها التأمين الصحي وراتب التقاعد بممارسة أي نوع من أنواع التمييز المرتبطة بالجنس سواء

بشكل مباشر أو غير مباشر , وتجدر الإشارة إلى أن مثل هذا القانون مطبق ومفعل بـالأردن وبشكل جيد.

قانون حقوق العاملين والنقابات المهنية :

Trade Union and Employment Rights Act, ١٩٩٣

قدم هذا القانون تحسنات إضـافية لحقـوق المـرأة العاملـة وخصوصـاً فـيما يتعلـق بالحمل وذلك حسب النقاط الآتية :

أ ـ جعل هذا القانون الطرد لأي سبب مرتبط بالحمل غير قانوني.

ب - إزالة جميع العوامل المساعدة قانونياً في غيره من القوانين والتي كانت تستغل قانونياً لنجاح دعاوى فصل المرأة الحامل.

جـ ـ أضاف موانع جديـدة لإيقـاف المـرأة عـن العمـل خـلال فـترة الحمـل بـدعوى الأسباب الصحية والسلامة العامة.

د ـ بغض النظر عن فترة الخدمة أمن للحامل فترة أجازة لمدة أربعة عشر أسبوعاً مع ضمان حقوقها في العمل دون اعتبار لغيابها بما فيها الترقية.

ثانياً : العنصرية والأصل العرقي Racial and Ethnic origin :

ويتعلق بالتمييز على أساس الأقلية العرقية أو الجنسية التمييـز العنصري منـذ عـام ١٩٨٨م كان هنالك تشريع يجعل من ممارسـة أي تمييـز بشـكل مبـاشر أو غـير مبـاشر عـلى أساس العرق أو اللون أو الجنسية أو الأقلية العرقية ممارسة غـير قانونيـة في مجـال العمـل وعلى نفـس نمـوذج لجنـة الفـرص المتسـاوية (EOC) تـم تشـكيل لجنـة المسـاواة العرقيـة (Commission for Racial Equality)

قانون العلاقات العنصرية The Race Relations Act, ١٩٧٦ :

حدد القانون الطرق التي تتعرض من خلالها الأقليات العرقية للتمييز ضدها وجعل هذه الممارسات غير قانونية , وهذه الطرق هي :

١ - قد ينشأ التمييز بشكل مباشر عندما يعامل صاحب العمل موظفه الحالي أو موظفه المحتمل معاملة أقل تفضيلية مما يعامل به الموظفين الآخرين أو مما يتوقع منه أن يعاملهم , على أساس عنصري , وهنا تم تعريف العوامل العنصرية الخاصة بأنها لون أو جنس بشري أو جنسية أو أصل عرقي أو قومي.

٢ - قد ينشأ تمييز غير مباشر تماماً كما تم التعرض إليه في حالة التمييز الجنسي.

٣ - ضحايا مثل ضحايا هذه الممارسات العنصرية في مجال العمل الذين يستطيعون التقدم بشكواهم ودعواهم كما هو الحال في التمييز الجنسي.

وهذا التمييز على أساس عرقي قد يشمل جميع مظاهر العمل بما فيها الترقية , الحوافز , التدريب , النقل ... الخ.

قوى تطبيق هذا القانون

: Enforcement of the Race Relations Act

تماماً كما قانون التمييز الجنسي , هنالك جانبان لتطبيق هذا القانون وهما :

أ - من خلال لجنة المساواة العرقية.

ب - إجراءات رفع الدعوة والتقاضي.

ثالثاً : الأشخاص ذوي الحاجات الخاصة (المعاقين)

: Disabled people

قانون الأشخاص العاجزين (العاملين) عـام ١٩٤٤م وعـام ١٩٥٨م Disabled persons (Employment) Act ١٩٤٤ and ١٩٥٨ : هـذه القـوانين بالإضـافة إلى بعـض التشـريعات الأحدث كانت تهدف أساساً إلى :

١ - تقييم وضع الأشخاص غير القادرين (المعاقين).

٢ - إعادة تأهيلهم.

٣ - إعادة تدريبهم أو توجيههم.

٤ - وضع سجل بالأشخاص المعاقين.

٥ - وضع نظام كوتا "حصص" لتشغيلهم في مؤسسات خاصة تستطيع استيعابهم.

٦ - حجز أنواع خاصة من الوظائف للأشخاص غير القادرين من مرافق كراج سيارات أو مرافق مصعد أو موظفي ملاجيء عامة.

قانون التمييز بسبب الإعاقة عام ١٩٩٥ The Disability discrimination :

تم تطبيق هذا القانون بعد انتقاء الحاجة لنظام الحصص وقد أمن هـذا القانون حماية أكبر للأشخاص ذوي الحاجات الخاصة "المعاقين" أكثر من أي تشريع سابق , وقد نص هذا القانون على :

أولاً : في الأساس جعل القانون أي تمييز ضد أي موظف محتمل أو حالي على أسـاس إعاقته عملا غير قانوني.

ثانياً : على أصحاب العمل القيام بتغييرات مسؤولة سواء على صعيد مكان العمل أو على صعيد ترتيباته.

وهذه العملية من المفترض أن تلغي المعوقات التي تواجـه الموظف ذي الحاجـات الخاصة ومن أهم هذه التغيرات وتشمل:

أ ـ المبنى وملحقاته.

ب ـ أدوات العمل.   جـ ـ التدريب الإضافي لهم.

د ـ تغيير ساعات العمل.   هـ ـ تغيير طبيعة الإشراف.

وقد قام هذا القانون بتحديد مفهوم "الإعاقة" وذلك على النحو الآتي : هـي ضـعف جسدي أو روحي يكون له تأثير واقعـي وذو أمـد طويـل عـلى قـدرات الأشخاص في القيـام بالنشاطات اليومية.

رابعاً : الموظفون الأكبر سناً Old workers :

هذا هو النمط الرابع وهي الفئة الأخيرة من الفئات الأربعة والتي تتعرض للتمييـز والمعاملة المتحيزة والتي تم تحديدها في بداية هـذا البحـث , ليس هنالك تشـريع محـدد يضمن حماية هذه الفئة ويعالج التمييز الممارس ضدهم في مجال العمل , كـما أن الحمايـة الأساسية لحقوقهم والمؤمنة بحكم القانون , تتمثل في حمايتهم مـن آثار الفصل بسبب أو بحجة الزيادة عنه الحاجة حيث أن تسريحهم من العمل لهذا السبب أو تحت هذه الحجة يتطلب تعويضهم مالياً.

التقدم في مجال المساواة حتى الآن

: Progress on Equality to Date

١ - المرأة Women : إذا كانت المشاركة في سوق العمل مؤشراً على تنـاقص التمييـز الممارس ضدهن فإن الأرقام الحديثة مشجعة :

- خلال السنوات ١٩٧٥ - ١٩٩٥ ازداد عدد النساء الملتحقات بسوق العمـل بنسـب عالية جداً بحدود ٣٤% مقارنة بنسب زيادة التحاق الرجال بسوق العمل مـع ملاحظـة أن جزءاً كبيراً من الزيادات ناتجة عن استبدال الوظـائف ذات عمـل اليـوم الطويـل أو الكامـل بالوظائف الجزئية , والأخيرة تشهد إقبالا كبيراً من قبل النساء.

- الكثير من مظاهر التمييز الممارس سابقاً ضد المرأة بدأ بالاختفاء , حيث أصبحت المرأة تدخل حديثاً مجالات للعمل كانت في السابق حكراً على الرجال . لكن هنالك أمـور أخرى مطلوب تحقيقها على اعتبار أن المرأة

تحتاج لظروف خاصة في العمل لمساعدتها في الإستمرار والتقدم والمنافسة على قدم المساواة مع غيرها من المتنافسين . كما تحتاج المرأة إلى أنماط إدارية وتنظيمية مساعدة لزيادة نسبة المرونة في العمل.

- فيما يتعلق بالمساواة في الأجر فقد ارتفعت أجور النساء بالمقارنة مع أجور الرجال ما نسبته ٧٧% عام ١٩٩٠ وذلك بعد تطبيق قانون الأجر المتساوي.

المجموعات العرقية والعنصرية Racial and Ethnic Groups :

لازالت الأرقام والدراسات تشير إلى استمرار وجود مشكلة حقيقة في ما يتعلق بحقوق العمل بهذه الفئة وذلك حسب تقرير دورية الفرص المتكافئة ولازالت كذلك حتى الآن تظهر الكثير من حالات التمييز العنصري وبعضها موثق بإثباتات لحالات خاصة وعامة , ومن المؤكد أنه لازال هنالك الكثير يجب عمله في مواجهة مثل هذا النوع من التمييز العنصري ليس فقط على صعيد التشريعات والقوانين بل على صعيد القناعات والممارسات الفردية نفسها.

ومن الإجراءات التي أشارت لجنة مكافحة التمييز العنصري إليها :

١ - تعريف جيد للتمييز غير المباشر.

٢ - الأقليات العرقية يجب أن تكون تحت الحماية القانونية بشكل يضمن حقها في مواجهة التمييز .

٣ - أن يضع العاملون بأنفسهم أهدافاً لتحقيق التكافؤ في مجال العمل.

٤ - التشريعات يجب أن يتم تطبيقها في مجالات أكثر مما يحدث الآن تحديداً قانون مكافحة التمييز العنصري.

٥ - توفير مساعدة قانونية لكل ضحايا حالات التمييز العنصري.

٦ - يجب إنشاء محكمة خاصة للنظر في هذه القضايا.

المعاقين Disabled people :

تشير إحدى الدراسات المهتمة بموضوع المعاقين في بريطانيا أن ما نسبته ١٤% من عدد السكان الذين تمت عليهم الدراسة لديهم إعاقة مع ملاحظة أن نسبة العاطلين عن العمل كانت دائماً لدى هذه الفئة أعلى من نسبتها لدى قوى العمل الإجمالية في المجتمع . كما أن أحدث التقارير تشير إلى أن نسبة الرجال العاطلين عن العمل من هذه الفئة هي ٣٥% بينما نسبة النساء العاطلات عن العمل من هذه الفئة هي ١٨%.

الأفراد الأكبر سناً Older People :

تشير دراسة حديثة في بريطانيا إلى أنه من واقع (٤٠٠٠) طلب وظيفة فإن ثلثي هذه الطلبات قد حددت سن أعلى للتقدم للوظيفة وبالمقارنة مع دراسات أقدم فإن هذه النسبة قد انخفضت , ومع استمرار وجود حالات لايتم فيها تحديد أعلى للعمر بشكل مباشر إلا أن يكون بشكل غير مباشر ومع وجود نظرة لهم بأنهم أقل قدرة على اللحاق بالتطورات التكنولوجية أو أقل اهتماماً بعملهم أو عاجزين عن تخصيص جميع طاقاتهم من أجله.

إدارة وتقييم التنوع Managing and Valuing diversity :

لقد عبر كل من (Ellis and Sonnefield) حول ذلك بوصفهم إدارة التنوع بأنها : "ذلك التحدي المتمثل في دمج ومقابلة قوة عاملة مختلفة حضارياً وثقافياً , وكيفية زيادة رهافة حس كل من العاملين والمديرين لاختلافات مرتبطة بالجنس , العمر , الجنسية , والعرق في اتجاه زيادة الإنتاجية الجماعية لكافة العاملين.

يتضح من التعريف السابق أن على الإدارة المعنية بالتنوع يجب أن تكون على قدر عال من المسؤولية والإخلاص والعمل الدؤوب للاستفادة القصوى من هذا التنوع سواء كان حضارياً أم ثقافياً أم إجتماعياً أم دينياً ...

الخ والعمل على تعظيم نقاط القوة من هذا التنوع والسعي إلى تلاقي نقاط الضعف قدر الإمكان فإذا تم عمل كل هذا فسوف تعود ثماره على المنظمة بأكملها مما يزيد من الإنتاجية في العمل وتحقيق أهداف ورسالة المنظمة كما أنه لاتقتصر مسؤولية إدارة التنوع على الإدارة العليا فقط ولكن تشمل جميع المستويات الإدارية على الهيكل التنظيمي , بما فيهم العاملين أنفسهم لأنها بذلك تعتبر ممارسة وسلوكاً مطبقاً من الثقافة التنظيمية للمنظمة.

النموذج المفاهيمي للتنوع Conceptual model of diversity :

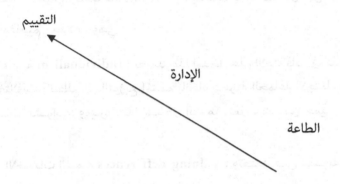

- العودرة إلى الضغوط وليس إلى المشكلة والنظرة إلى الفرصة. - الطاعة والإعتراف بالقانون في محيط عملنا. - الأخلاقيات الظرفية (الموقفية). - تجنب النتائج القانونية (الشرعية).	- التنوع مهم مثل ممارسة الأعمال التنافسية ونحن نسعى وراء هذه الأعمال. - نحن نحتاج إلى جذب أفضل الأفراد. - ثبات العمل/التواصل هي أمور مهمة لنجاح دوران تكاليف العمل Turnover costs money	- تقدير الفرد لنفسه هو عامل مهم للأداء. - الأفراد الذين يشعرون بالراحة في بيئة العمل هم الأكثر شعوراً بالثقة والقدرة على المساهمة والعطاء. - القيم الإدارية (الأعمال) والإجتماعية والمعنوية هي واحدة وتشابه العمل هو جزء من حياة العمل وليس العكس. - الأفراد الأكثر إنتاجية هم أولئك الذين يشعرون بقيمتهم على أنهم منتجين مما يؤدي إلى أداء تنظيمي مرتفع.

الجماعات أم الأفراد؟ Groups or Individuals :

ميلر Miller (١٩٩٦) سلط الضوء على مدخلين مختلفين لإدارة التنوع.

الأول : وهو المرتكز على الإختلافات في الأفراد .

الثاني : وهو المدخل الأكثر استقامة ورشداً وهو مـدخل تقليـدي والتي تتطلـع فيـه المنظمة إلى تطوير إمكانية الجميع.

معظم المداخل الشائعة والعامة في إدارة التنوع تعتمد على المساهمة الفردية أكـثر من المساهمة الجماعية , وبذلك قام Liff (١٩٩٧) بتحديد هذه المداخل مـن خـلال التركيـز على قضايا ومفاهيم محددة , وهي :

أ ـ الفردية Individualism : يعتمد هذا المدخل على الاختلافات في عدم الحل كما أن هذه الاختلافات لاتتطلع إلى التوزيع المنظم باتجاه عضوية الجماعة الاجتماعية بـل هـي أكثر كاختلافات عشوائية. وميزة هـذا المدخل أنـه مشـتمل ويتضمـن جميـع الأعضاء في المنظمة.

ب ـ الإختلافات القيمية Valuing defferences : وتعتمد عـلى عضوية الجماعـات الإجتماعية المختلفة.

جـ ـ إختلافات الملاءمة والمنفعة Accommodatig and utilizing difference : هذا المدخل مشابة لمداخل الفـرص المتساوية والـذي يحتـوي عـلى مبـادرات ذات قيمـة لمساعدة الجماعات وكذلك تعمل على انفتاح حقيقي لجميع أعضاء المنظمـة عـلى بعضهـم البعض.

سؤال الثقافة The culture question :

تعتبر الثقافة مهمة في إدارة التنوع من خلال طريقين , هما :

أولا : إن الثقافة التنظيمية هي العامل الحاسم التي من خلالها تعامل المنظمة فيها الأفراد من الجماعات المختلفة.

إن مدخل الفرص المتكافئة يميل للتركيز على السلوك وعلى نحو أقل على الاتجاهات في حين إن مدخل إدارة التنوع يعترف بالحاجة إلى ذلك . لذا فإن تغيير الثقافة للتعامل مع الأفراد كأفراد ودعمهم في تطوير إمكاناتهم يعتبر معياراً حاسماً , بالرغم من أن صعوبات تغيير الثقافة تجعل من ذلك مهمة صعبة ومعقدة للغاية.

ثانياً : إن الفئات المختلفة من التنوع تقدم ثقافات مختلفة داخل العمل مثل (الرجل والمرأة) وهذا التنوع يحتاج إلى إدارة تعزز بيئة إيجابية للفرص المتكافئة.

عملية إدارة التنوع A Process for managing diversity :

قد كل من (Ross and Schneider) مدخلا إستراتيجياً لإدارة التنوع يعتمد على مفهوم الاختلاف بين مدخل الفرص المتكافئة (المتساوية) ومدخل إدارة التنوع ويقوم مدخل التنوع اللذين قدماه على :

أ ـ التوجيه الداخلي وليس الخارجي.

ب ـ التركيز على الأفراد أكثر من الجماعات.

جـ ـ التركيز على الثقافة الكلية للمنظمة أكثر من التركيز على الأنظمة وحدها.

د ـ إدارة التنوع مسؤولية الجميع في المنظمة وليست مقصورة على إدارة شؤون الموظفين.

أبعاد التنوع Dimensions' of Diversity :

الفرص المتكافئة أم إدارة التنوع؟

Equal Opportunities or managing diversity?

لقد حدد (Miller) تحركاً متماثلاً من الجماعية إلى الفردية في التميز في إدارة شؤون الموظفين كمقابل لإدارة الموارد البشرية ولقد رأينا كيف أن مدخل إدارة التنوع يكون في مرحلة ما أقرب إلى مدخل الفرص المتساوية (المتكافئة) ويبقى السؤال حول أي المدخلين له تغيير فعلي في المنظمات؟ كما أن الكثير من أدب إدارة التنوع كتب بتلك الطريقة التي ترى أنه مدخل أعم وأشمل لمبدأ الفرص المتكافئة , كما يوجد الكثير من الدعم لكلا المدخلين وهو دعم تبادلي تفاعلي وضروري للتقدم ولقد أكد كل من Williams Newman (١٩٩٥) على أننا في طريقنا إلى وضع نموذج يدمج الاختلاف والتنوع في فرديته وفي شعور الجماعي , وأن أفضل ما ينظر إلى مدخل إدارة التنوع والفرص المتكافئة أنهما مدخلين متممين لبعضهما البعض وبحاجة إلى علاقة متبادلة بينهما.

الفصل العاشر : الأعتراف بالاتحادات التجارية

- تمهيد

- نقابات واتحادات العمال

- مفهوم النقابة أو الاتحاد

- طبيعة النقابات العمالية

- أنواع النقابات

- أهداف النقابة العمالية

- علاقة إدارة المنشأة مع النقابات

- إدارة التفاوض بين العمال والإدارة

- أهمية المفاوضات الجماعية

الاعتراف بالاتحادات التجارية Trade union recognition

تمهيد :

يعتبر موضوع الاعتراف بالاتحادات التجارية واسع الانتشار وخصوصاً في بريطانيا بالرغم من تراجع مستويات العضوية في الاتحادات التجارية وخصوصاً في العقدين الآخرين إذ تشير الدراسات في بريطانيا إلى أن حوالي ١٣,٣ مليون عامل كانوا أعضاء في ٤٥٣ اتحاد تجاري منفصل وتراجع هذا الرقم ليصبح ٨,٣ مليون عامل في ٢٣٨ اتحاد تجاري والسبب وراء ذلك هو عدم الاعتراف من قبل المنظمات الصناعية الكبرى بهذه الاتحادات أو النقابات والاعتراف هنا يكون لأغراض المفاوضات الجماعية كما أن عملية الاعتراف تختلف من قطاع إلى آخر حسب ظروف كل قطاع .

كما أن التراجع الذي حصل في الاتحادات التجارية أثر في طريقة مناقشة القضايا العمالية بالإضافة إلى أنه أصبح هنالك دور هامشيـ للاتحادات العمالية في حل المنازعات العمالية الواقعة ما بين الإدارة والعمال.

نقابات واتحادات العمال Unions and Federations of Labor

تنشأ النقابات العمالية عادة في الأماكن التي يمكن لأفراد القوة العاملة فيها تكتيل أنفسهم وتنظيم صفوفهم , بغض النظر عن نوع المهنة التي يعملون فيها أو نوع التنظيم الاقتصادي أو السياسي للدولة التي ينضوون تحت لوائها , والنقابات العمالية هي مظهر من مظاهر التقدم في الحركة العمالية , لذلك لاتظهر النقابات العمالية القوية إلا في الدول الصناعية المتقدمة , ولعل هذا العامل يوضح السبب في ظهور النقابات في بريطانيا في أوائل ١٨٠٠م القرن التاسع عشر الميلادي نتيجة للثورة الصناعية التي أحدثت انقلاباً في طرق الإنتاج هنالك , وبالتالي في الحياة الإقتصادية والإجتماعية للطبقة العاملة , ولأن الثورة الصناعية ظهرت في الولايات

المتحدة متأخرة عنها في بريطانيا بحقبة طويلـة نسبياً مـن الـزمن تأخرت الحركـة النقابيـة هناك . ولم تظهر فيها نقابات عمالية بالمعنى المفهوم إلا في غضون عـام ١٨٣٠ أمـا في المانيـا فقط ظهرت النقابات في عام ١٨٦٠ حينما ظهرت فيها الصناعات الحديثة.

وفي فرنسا عام ١٨٩٠ وفي إيطاليا عام ١٩٠٠ , وفي اليابان التـي لم تنتشرـ فيهـا حركـة التصنيع حتى الحرب العالمية الأولى فلم تظهر فيها النقابـات إلا في خـلال فـترة العشرـينات من القرن العشرين.

مفهوم النقابة أو الاتحاد Union concept

النقابة منظمة اجتماعية , تضم عمال صناعة معينة أو حرفـة معينة وكلمة عامـل تنصرف على كل فرد ذكر أو أنثى يعمل لقـاء أجـر مهمـا كـان نوعـه , وفي خدمـة صـاحب العمل وتحت سلطته وإشرافه , كما أن الدافع الأساسي للتجمع العمالي في إطار النقابة أو الاتحاد هو تكوين شخصية قانونية لنقابة معينة يمكنها القيام بوظيفتها التمثيلية.

كما وتعرف النقابة العمالية أو الحرفية Labor union or trade union عـلى أنهـا عبـارة عـن تنظيـم يجمـع القـوى العاملـة , يتم تكوينـه بهـدف حمايـة وتنميـة المصـالح الإجتماعية والإقتصادية والسياسية لأعضائه من خلال المفاوضة والإتفاق الجماعي.

طبيعة النقابات العمالية The nature of labor union

ولاشك أن الإهتمام الأسـاسي للنقابات هو التركيـز عـلى المصـالح الإقتصادية للأعضـاء لذلك ينصب العمل على تحسين الأجور , وتخفيض ساعات العمل , وتحسين ظروف العمل , وقد كـان الاعتقـاد السـائد أن هـذه المطالـب والرغبـات لاتتحقـق إلا مـن خـلال الانضـمام للنقابات والاتحادات العمالية , ولكن التشريعات العمالية في الوقت الحاضر تعطي الميـزات التي

يتم التوصل إليها من خلال الاتفاق المشترك بين الإدارة والنقابات لكافة العاملين بصرف النظر عن كونهم أعضاء في نقابة أم لا.

وقد يرجع السبب الآخر للانضمام للنقابات هو أن التوصل إلى الأجر العادل وساعات العمل الملائمة وظروف العمل المرضية لاتتم من خلال المفاوضة ما بين العامل بمفرده والإدارة وإنما من خلال ممثلي العمال وبهذا الشكل يكون العمال في المركز الأقوى وهو ما يتطلب تنظيم قوي.

أنواع النقابات Types of union

بصفة عامة يمكن تصنيف النقابات العمالية إلى نوعين رئيسيين هما :

أ - النقابات الصناعية The industrial Union

وهي تشمل كل العمال الذين ينتمون لشركة معينة أو صناعة معينة بغض النظر عن المهن التي ينتمون إليها , أي أن الأساس هو الانتماء للصناعة ومن الأمثلة على هذا النوع نقابة العاملين بالسكك الحديدية , نقابة العاملين بصناعة الحديد والصلب .. الخ.

ب ـ النقابات المهنية Occupational Union

وهي عبارة عن تجمع تنظيمي لكافة العاملين الذين ينتمون لحرفة واحدة بغض النظر عن الشركات أو الصناعات التي ينتمون إليها ولذلك نجد أن أساس التكوين هو المستوى الأفقي , ومن الأمثلة عليها نقابة الأطباء , نقابة المحامين , نقابة المهندسين ... الخ.

أهداف النقابة العمالية Union Objectives :

١ - تعظيم Maximizing الفرص الخاصة بتأمين أعضائها ضد أية تصرفات إنفرادي من جانب الإدارة.

٢ - الإشتراك مع الإدارة في تلك القرارات التي تهم العاملين مثل نوعية العمل والتغييرات التي تحدث في هذه الأعمال ومستويات الأداء الخاصة بها.

٣ - زيادة عدد الأعضاء والذي بدوره يؤدي إلى زيادة قدرة النقابة على التفاوض الجماعي Collective Bargaining .

٤ - الإشتراك مع الإدارة في تحسين وتطوير نظم وأساليب العمل لما لذلك من انعكاس على قدرة المنشأة على زيادة الأجور.

٥ - تحسين مستويات الأجور وظروف العمل المادية الأخرى Better Economic and Working conditions وذلك مثل تخفيض ساعات العمل اليومية , تخفيض عدد أيام العمل الأسبوعية , زيادة معدلات الأجور الإضافية , تحسين نظم معاشات التقاعد والتأمينات المختلفة ... الخ.

علاقة إدارة المنشأة مع النقابات :

ويؤدي التنظيم النقابي دوراً هاماً في الدفاع عن حقوق العمال والمطالبة بتحقيق مكاسب جديدة باستمرار . ولم يتم قبول عام للنقابات العمالية من قبل أصحاب العمل , ممثلين بالإدارة في منشأتهم في جميع الدول الصناعية إلا بعد مرور سنوات طويلة من وجود النقابات وما اعتراه من صراع مرير معها إلى أن تثبت دورها في ميدان العلاقات الصناعية في تلك الدول.

إلا أنه وبغض النظر عن التضارب بين أهداف النقابة العمالية من ناحية وأهداف الإدارة من ناحية أخرى , فإنه يمكن القول أن الوجود النقابي استطاع أن يحدث بعض التأثيرات Effects الهامة على الإدارة والتي يمكن تلخيصها فيما يأتي :

١ - استطاع الوجود النقـابي أن يفـرض قيـداً أساسـياً عـلى حريـة الإدارة في التصرف Restriction Upon Management Freedom of action وخاصـة فـيما يتعلـق بـالأجور , والحوافز , وساعات العمل وظروفه .. الخ.

٢ - استطاع الوجود النقابي أن يضغط على الإدارة بضرورة توحيد المعاملة عند التعامل مع العاملين Union pressure for uniformity of treatment .

٣ - كـذلك أدى الوجـود النقـابي إلى تحسـين وتطـوير سياسـات الأفـراد في المنشـآت المختلفة Improved Personnel Policies and Practices ويرجع ذلـك إلى ازديـاد وعـي الإدارة بدوافع وحاجات الأفـراد مـن ناحيـة , وكـذلك ازديـاد وعـي العـمال ونقابـاتهم بأيـة مخالفات قد ترتكبها الإدارة من ناحية أخرى.

٤ - كذلك أدى الوجود النقابي إلى تسهيل مهمة الإدارة في التعامل مع العاملين وهذا يعني أنه قد يكون من الأسهل لإدارة المتشأة أن تتعامل مع عدد محدود من العاملين وهـم ممثلو النقابة بدلا من التعامل مع مجموع العاملين بالكامب.

إدارة التفاوض بين العمال والإدارة Collective Bargaining

يعتبر موضوع التفاوض أحد وظائف النقابـات والـذي يعـرف في كثـير مـن الحـالات بالمساومة الجماعية أو المفاوضة الجماعية والتي تعرف بأنها عبارة عن أداء للواجب المشترك بين العمال وأصحاب العمل بهدف ضرورة التلاقي في أوقات معقولة والتباحث بـروح طيبـة فيما يختص بأمور كثيرة تهم الطرفين (العمال وأصحاب العمل).

ويلاحظ أن الطريقة التي يتم بها التفاوض لعقد الإتفاقيات وتعدد الموضوعات التي تشملها , ومضمونها الموضوعي تختلف إختلافاً كبيراً في الصناعات المختلفة بل وداخل نطاق الصناعة الواحدة.

أهمية المفاوضات الجماعية Importance of Collective Bargaining

١ - أن المفاوضة الفردية مع المنشأة تجعل العامل في وضع ضعيف جداً بينما تعني المفاوضة الجماعية قوة النقابة التي تواجه صاحب العمل ممثلة كافة الأعضاء أثناء المفاوضة.

٢ - يعتبر الإتفاق الجماعي رمزاً لاعتراف المنشآت بالنقابات ووقوفها على قدمي المساواة أثناء المفاوضة.

٣ - كما أنها عملية خلق نماذج من الأحكام في حقول العلاقات الصناعية إذ أن العقد الجيد يصبح نموذجاً تحاول الكثير من النقابات السير على منواله.

٤ - أنها تخلق جهازاً تنظيمياً حرفياً متعلقاً بطرق التحكيم وفض النزاعات في مراحلها الأولى وقبل أن تستفحل وتثير مشاكل لا تستفيد منها الإدارة ولا العمال.

٥ - أنها تخلق جواً ودياً بين الطرفين خلال فترة العقد.

٦ - كما أن التفاوض الجماعي يحمي العاملين من تعسف الإدارة وقراراتها الفردية ويصون حقوقهم كما أنه يحمي أصحاب العمل ويصون حقوقهم إذ إنه يفرض على العمال ونقاباتهم التقيد بنصوصه وإلا تعرضوا للعقوبات التي غالباً ما تتضمنها التشريعات العمالية المعمول بها في الدول المختلفة.

الفصل الحادي عشر : المداخل المختلفة للتقييم

- تمهيد

- مداخل التقييم

- من الذين نقوم بتقييمهم

- مشاكل أخرى تسببت في فشل المشاريع والمخططات التقيمية

- خطوات المقابلة التقيمة

المداخل المختلفة للتقييم

Contrasted approaches to Appraisal

تمهيد :

تعد وظيفة تقييم الأداء من أهم الوظائف التي تمارسها إدارة الموارد البشـرية وعلـى الرغم من هذه الأهمية إلا أنها أقل الوظائف جاذبية لجميع الإدارات . أسباب ذلك عديـدة يأتي في مقدمتها صعوبة تحقيق التقييم الفعال, لأن العملية تخضـع للحكم الشخصي ـ ولأن الذين يمارسونها على الأغلب غير مدربين جيداً على كيفية إتقانها بفاعلية عالية , فضلا عـن أن الكثير منا لايرغب في سماع الإنتقادات بشأن أدائه . ولكن رغم هذه الأسباب فإن التقييم وتحديد المستوى الفعلي لأداء الفرد ومدى التزامـه بضوابط وتعليمات المنظمـة , ومـدى إمكانية الاعتماد عليه مستقبلاً , كل ذلك يشكل في رأينا نقطـة أساسـية في نجاح منظمـات الأعمال بغض النظر عن حجمها أو نوعها , وفي هذا الجـزء سـوف نناقش موضوع المقابلـة التقييمية ومداخلها المختلفة وأساليبها المتنوعة وهيكلها , وماهي الإجراءات التي تسير فيها حتى تصل إنتهاء المقابلة التقييمية.

هنالك دوافع مختلفة تقود المقابلة التقييمية أولها : حافز الرقابـة الإداريـة والآخر هو حافز التطوير الذاتي , وهذين الحافزين ينتجان أنظمة التقييم بدمجهما معـاً مـع إبقاء مدخل الرقابة الإدارية هو الغالب والمسيطر خصوصاً عندما يكون هنالك ربط ما بين الأداء والأجر لكن مدخل التطوير تزداد شعبيته بإستمرار بوصفه نظير أساسي يساعد علـى عمليـة توضيح العناصر الأساسية والمختلفة في عملية التقييم . وفيما يلي شرحاً وافياً لهذين النوعين أو المدخلين للتقييم :

أ - مدخل الرقابة الإدارية The Management Control Approach : ويبدأ هـذا المدخل بالتعبير عن رأي شخص مسؤول مبيناً نظرة السلطة المسؤولة بقوله : يجب أن نحفز الأداء الفعال وتطور المهارات ونضع الأهداف للوصول إلى إنجازات غـير اعتياديـة وتؤكـد أن الترقية Promotion تستند على معايير صحيحة . بالرغم من هذه الأقوال والتطلعات إلا أن هذا النوع من المبادرات عادة ما يقاوم من قبل أشخاص يعملون بشكل جماعي سـواء مـن خلال ممثليهم في الإتحادات العمالية أو من خلال المقاومة السلبية للعمل من خلال التذمر وهذا لأن الأشخاص الذين يتم تقييمهم (تقييم أعمالهـم) لايفسرون هـذه المعلومـات كمـا يقصدها من هم في السلطة الإدارية , كما أن هذا المدخل عادة ما ينشىء أمور عدة منها :

١ - صراعاً وإتجاهات ومواقف داخل المنظمة تتضمن مقاومة المدراء لأغلبية العمـل الذي تقوم به الجهة التنفيذية.

٢ - مفاوضات لتعديل الأسلوب وهي تنازلات يتم العمل بها للتخفيف من مخـاوف من يشعرون بالإستضعاف وهذه التنازلات كثيراً ما تجعل أسلوب التقييم غير فعال.

٣ - رقابة بيروقراطية شديدة للتأكيد على أن الأحكام الصادرة عادلة ومتسقة.

٤ - تقريراً متجرداً من العواطف في عملية التقييم.

٥ - تأثير قليل على الأداء الفعلي , لايؤثر على الأقليـة الواثقـة بنفسـها جـداً وتخيـب آمال الذين لايعملون.

٦ - تقليل الانفتاح والثقة والمبادرة.

ويمكن القول : أن هذا المدخل يكون له أفضل الأثـر عنـدما تكـون هنالـك أهداف واضحة ومحددة للأشخاص يحاولون الوصول إليها , وضمن

ثقافة تنظيمية تؤكد على التنافس إلا أن هذا المدخل تعترضه بعض المشاكل والتي يجب أخذها بعين الاعتبار مثل : من يضع الأسس ومن يصدر الأحكام؟ كيف يتم إصدار أحكام ثابتة من قبل مقيمين مختلفين لهم نظرتهم التقييمية المختلفة؟ وبالرغم من هذه العوائق إلا أن هذا المدخل مازال مفيدا كنظام يحفظ السجلات ويوفر تصوراً لتطوير العمل كما أن هذا المدخل يلائم المؤسسات أو المنظمات البيروقراطية التي تؤكد على ملء نماذج التقييم كأحد الأساليب الرقابية.

ب ـ مدخل التطوير The Development Approach : وهذا المدخل يبدأ بسؤال يدور ببال الشخص المكلف بالعمل ويرتكز هذا السؤال على كيفية قيام الفرد بعمل جيد ومرض وكيف يمكن للموظف إعطاء صورة مشرقة وجيدة عن العمل الذي يقوم به . كما أنه في هذه المرحلة يبحث الشخص عن زميل أو مدير يتحدث إليه بنصحه ويقيم أداء ويصوب أخطاءه بحيث يعود أداؤه إلى المسار الطبيعي , إذاً فهو مدخل يقود الأفراد لعمل ما يرغبون به أكثر ما يملي عليهم القيام به إذ يعملون طوعاً وليس إكراها وعليه يقوم الفرد بتطوير نفسه دونما مقارنة أو رقابة إدارية مرضية.

وهذا المدخل التقييمي يمكن وصفه بالنقاط الآتية :

١ - يطور السلوك التشاركي بين المقيمين والمقيمين ويشجع الأفراد على اختبار مبادئهم الذاتية ومسؤولياتهم المستقلة ذاتياً والمقبولة لديهم.

٢ - يواجه القضايا ويبحث عن حلول بديلة للمشاكل.

٣ - لايعمل جيد مع الرقابة الإدارية البيروقراطية.

٤ - ينتج بحوثاً تحليلية تؤثر مباشرة على الأداء.

٥ - يتطلب الثقة العالية , وينتج الولاء والمبادرات المحفزة.

كما أن هذا النوع من المداخل يعطي أفضل النتائج مع الأفراد ذوي الثقة العالية بإمكاناتهم فبذلك يمكنهم أيجاد نقاشات ناقدة وبناءة مع النظراء أو حالات نصح , حيث يوجد احترام متبادل والتركيز هنا على المقابلة لا على ملء نماذج التقييم , وبالرغم من فوائد هذا الأسلوب إلى أنه تعترض طريقه مشكلتان : الأولى : هي الافتقار إلى طريقة منظمة للتقرير المطلوب من قبل الرقابة الإدارية والمعلومات المطلوبة والعمليات , الثاني : هي إيجاد مثل أعلى يمكن الثقة به . ويمكن القول أن التقييم يحتاج إلى جهود كبيرة واتصالات ومهارة إشرافية تعتمد على البرامج التدريبية للمقيمين والذين يتم تقييمهم . وبالرغم من هذه المشاكل إلا أن فوائد تقييم الأداء كبيرة جدا والمحاولات جارية لجعلها ذات قيمة , إلا أن التقييم يبقى بلا معنى إذا كانت الخبرات المعروفة عنه مرضية فالأفراد الذين يتم تقييمهم يجب أن يجدوا قيمة لعملية التقييم نفسها ويرون نتائج ملموسة كما أن المقيمين عليهم أن يجدوا طرق ملسطة وسهلة للتقييم ويجب أن تنتج عنها استجابات بناءة من قبل ومن تم تقييمهم وبذلك تكون الفكرة العامة عن التقييم مرضية وتصبح جزءا مكملاً لإدارة المنظمة وتحسن عملية الإدارة.

من الذين نقوم بتقييمهم؟ Who dose the appraisal

يتم تقييم الأفراد بالعادة من قبل مختلف المستويات الإدارية بما فيها الرؤساء المباشرين ورؤسائهم وأعضاء القسم الوظيفي , والأفراد أنفسهم ونظرائهم أو تابعيهم , وأحياناً يتم التقييم من خلال مراكز التقييم , وتعترض هذه المهمة العديد من المشاكل نذكر منها على سبيل المثال ما يلي :

١ - **الإجحاف Prejudice :** فقد يكون المقيم في الواقع مجحفاً بحق من يقيمهم أو أن يكون مزعجاً لهم وكلاهما يمكن أن يشوه حكم التقييم.

٢ - المعرفة غير الكافية بمن يتم تقييمهم Insufficient Knowledge of the appraisee , مفاده إنه يتم تكليف المقيمين بهذه المهمة بناء على الموقع الوظيفي (التسلسل الإداري) لا على التفهم الجيد لمهام من يتم تقييمهم.

٣ - تأثير الهالة The Galo Effect :القدرات العامة أو ما يناظرها لمن يتم تقييمهم يمكن أن تؤثر على تقييم الأعمال التي يقومون بها.

٤ - مشكلة المحتوى The Problem of context : الصعوبة في تمييز عمل من يتم تقييمه من خلال محتوى العمل (بيئة العمل) خاصة عندما يكون عنصر المقارنة مع غيرهم ممن يتم تقييمهم.

المشاكل التي تواجه المقيم ومن يتم تقييمه تتضمن أمرين هما :

أ ـ الأعمال الكتابية The Paperwork : بعد وقت قصير يصبح التوثيق عملية صعبة خلال محاولات يقوم بها مصمموا المخططات للتأكد على ثبات التقارير.

ب - الأمور الشكلية The Formality : بالرغم من أن المقيمين يحاولون التوقف عن الشكليات , إلا أن المقيم ومن يقيمه يدرك أن اللقاء أو المقابلة نفسها شكلية وأنه أمر لابد من التمسك به.

مشاكل أخرى تسبب في فشل المشاريع والمخططات التقيمية :

١- تجاهل المخرجات Outcomes are Ignored : حيث تفشل الإدارة في جعل ما يتم الاتفاق عليه خلال المقابلات التقيمية قيد التنفيذ.

٢ - الجميع فوق المستوى العادي Everyone is Just above average : معظم من يتم تقييمهم يتطلعون للتأكد على أنهم جميعاً جيدون وأن أداءهم فوق المستوى العادي.

٣ - **تقيـيم السـمة الخاطئـة Appraising the wrong Features** : أحياناً يـتم تقيـيم السلوك على حساب العمل الفعلي مثل المحافظة على الوقـت, الظهـور بمظهـر المشـغول واللطـف وأنها من الأمور التي من السهل ملاحظتها.

المقابلات التقييمية The appraisal Interview :

الأساليب المختلفة للمقابلات التقييمية تم وصفها باختصار منذ حوالي ٤٠ عاماً مـن قبل عالم النفس الأمريكي Norman Mair إذ عمل على تصنيف هذه الأسـاليب وتحديـدها بثلاث أنواع على النحو الآتي :

أ ـ أسلوب حل المشكلات The Problem-Solving Style : وفي هذا الأسـلوب يبـدأ المقيم المقابلة بتشجيع الموظف على تحديد ووصف المشاكل ثم يأخذ بعين الاعتبار الحلـول . وبذلك يقوم الموظف بدور فاعل في تحليل المشكلة واقتراح الحلـول , وتقيـيم الأداء يظهـر من النقاش الذي تم خلال لمقابلة , بدلاً من فرضها على مـن تـم تقييمـه مـن قبـل المقيـم . وهذه الطريقة هي أفضل الطرق الموجودة حالياً فهي متوافقة مع عمليات التطوير لعملية التقييم.

ب ـ أخـبر وبيـع Tell and Sell : حيـث يقـوم المقـيم بـأعمال ويحكـم عـن طريـق المقابلة ليخبر من يقيمه بالنتيجة وكيفية تحسين الأداء . وهـذه الطريقة تلائم الحالات التـي يكون فيها من يتم تقييمه قليل الخبرة ولايوجد لديه الثقة الكافية لتحليل أدائه بنفسه.

جـ ت أخبر وأسـمع Tell and Listen : تقـوم بوضـع المقـيم موضـع القـاضي ناقـداً مخرجات التقييم التي تم الانتهاء منها والاستماع لردود الفعل.

كـما أن هنالـك عـدد مـن المقـالات تقـترح أسـلوب أو المـدخل المـوقفي أو الظـرفي Contingency Approach للتفاعـل الشخصيـ في المقابـة التقييميـة ويـرى George أن التقييم الفعال يعتمد على أسلوب التقييم الموضوعي

لا على الصراع مع ثقافة وأفكار المنظمة . ويرى كذلك أن درجة الانفتاح المطلوبة مـن غـير المتوقع أن تتجسد دون وجود جو من الثقة والاحترام المتبادلين لذا يجب أن يعكس التقييم قيماً أوسع للمنظمة إن كان متكاملاً وباقياً بالشكل الصحيح والفعال.

ومن المظاهر الأخرى للمدخل الظرفي أو الموقفي للتقييم أنه يتضمن أسلوب المقيم وعلاقته بأسلوبه بالإدارة العادية (اليومية) وعلاقته باحتياجات وشخصية من يتم تقييمهم . ويرى Pryor أن المقيم يجب أن يصل إلى الثبـات بـين أسـلوبه في الإدارة اليوميـة وأسـلوبه الذي يتبناه في المقابلات التقييمية.

تسلسل المقابلة التقييمية The Appraisal Interview Sequenece :

مظاهر المقابلة التقييمية مشابهة لحد كبير لمظاهر مقابلات الإختيار . وهنالك حقيقة حتمية بأن المقيم يحدد إطار اللقاء , وهنالك حاجـة للبـدء بأسـلوب ينمي الثقـة المتبادلة إلى أقصى حد Torrington : إن المقابلة التقييمية مشكلة كبيرة للمقيم ومن يتم تقييمه على القيم أن يمتلك الثقة والصلاحية التي يجب أن يمتلكها المـدراء في علاقـاتهم مـع كل من يتم تقييمهم. ومن المظاهر التي تظهر استمرار في الكثير من مخططات التقييم هـو الافتقار إلى إعطاء من يتم تقييمه تحديد صفات المقيم أو مـن يجـب أن يكـون ومـن يـتم تقييمهم عادة ما يعتبرون المقابلة كشيء مثير للفزع , الفرق الأساسي بين الإختيار والتقييم أن كل المقيمين عليهم أن يتذكروا أن الهدف هو الوصول إلى تفهم أنه سيكون هنالك تـأثير على الأداء المستقبلي لمن يتم تقييمهم : إذ ليس من السهل تكوين حكم مـن خـلال جمـع المعلومات , كما في حالات مقابلات الإختيار.

هناك خطوات للمقابلة التقييمية وهي :

١ - التحضير Preparation :

في نموذج المقابلة يمكن أن يطلب ممـن تقييمـه أن يقـيم أداءة ذاتيـاً ففـي بعض الحالات يمكن لهذا العمل أن ينتج تقريراً بـنفس الأهداف . ويعطـي بدايـة لمقابلـة سـهلة وبشكل نهائي . طلب إنهاء نموذج التقييم الذاتي قد يكون مناسباً إذا تطلب المخطط ذلك . وبهذا الصدد نقول أن التقييم الذاتي يقدم لمن يتم تقييمه بعض المبادرات ويؤكد علـى أن النقاش سيكون حول القضايا والأمور التي يمكن لـه أن يقوم بها ويطبقها واقعياً.

وعلى المقيم أن يراجع كل الدلائل المتـوفرة عـن أداء مـن يقيم , بمـا فيهـا التقـارير والسجلات غيرها من الأمور التـي يـتم التقييم بناء عليها , والأهـم كـذلك هـو مخرجـات التقييم السابق.

٢ - هيكل المقابلة Interview Structure :

يمكن وضع هيكل لمقابلة تقييمية ولاسيما فيما يتعلق بالأداء وذلك على النحو الآتي :

١ - الهدف والتقرير	- الاتفاق على الهدف مع من يتم تقييمه. - الاتفاق على بناء اللقاء (المقابلة). - التأكد من أن العمل السابق تم إنهاؤه.
٢ - مراجعة واقعية	- مراجعة الحقائق المعروفة عن الأداء خلال الفترة السابقة. - تعزيز القيم
٣ - نظرة من يتم تقييمه	- يطلب ممن يتم تقييمه التعليق على أدائه خلال العام السابق. - ما الذي يتم تطبيقه جيداً وما لم يـتم تطبيقه بـالجودة اللازمة , مـاذا يمكـن أن نحسن؟ ماذا أحب؟ مالا أحب؟ - أهداف جديدة ممكنة.
٤ - نظرة المقيم	- يضيف المقيم وجهة نظره , يسأل أسئلة ويبين ما لم يوافق عليه بشكل ملائم علـى ماقاله من يتم تقييمه.

٥ - حل المشكلات	- نقاش أي اختلاف وكيفية حله.
٦ - وضع الأهداف	- الاتفاق على الأعمال التي يجب القيام بها , ومن يجب أن يقوم بها.

(شكل ١) هيكل مقابلة تقييم الأداء .Structure for a performance appraisal Interview

٣ - المراجعة الواقعية Factual review :

وتعمل على تقديم سمات العمل الذي تم خلال العام السابق دون مشاكل والبدء في مراجعة الحقائق الأساسية عن الأداء دون التعبير عن الآراء المتعلقة بها وتلخيصها يتجرد كتذكير متبادل . وهي تتضمن مخرجات التقييم السابق وستكون مساعدة في أي نقاش لاحق أو أي مقابلة تقييمة لاحقة , ويجدر القول إلى أن السمات المفضلة للأداء لايتم التحدث عنها في بعض المراجعيات الواقعية لكنها ضرورية لأن الحقائق تتحدث عن نفسها بغض النظر عن حكم المقيم . فهذا الأسلوب له فائدة لوجود الدليل قبل أن يراه كلا الطرفين وسيكون الأمر محدداً أكثر وليس عاماً ودقيقاً غير غامض وهذا النوع دائما يخلص المقيم من السؤال عن أسلوب التعامل مع حالات الأداء السيء كما أنه يقدم إطاراً عاماً للمقابلة التقييمية ويحدد الأمور التي سوف تناقش وتعدل في هذه المقابلة , وعلى المقيم كذلك أن يحكم إن كان هنالك قضايا قد ظهرت , وإن كانت قد ظهرت فكم عددها لايمكن لأحدنا التعامل مع أخطائنا كلها في نفس الوقت , أما المقيم فعليه مواجهة مسؤولية إدارية وهي التعامل مع من يتم تقييمه على أنه ليس من غير المؤهلين خلال المقابلة التقييمية كما أن هنالك مسؤولية أساسية وهي عدم استخدام السلطة أو المنصب الإداري في المنظمة لتدمير الاحترام الذاتي والتسوية مع إنسان آخر.

المرحلة المركزية في المقابلة التقييمية هي تبادل الوقائع , وجهة نظر من يتم تقييمه , ووجهة نظر المقيم وحل المشكلات - يجب التدرج ضمن هذا التسلسل في المقابلة التقييمية كما أن المرحلة النهائية في المقابلة هي الاتفاق

على ما يجب فعله : وضع الأهداف , الأعمال التي يجب الاتفاق عليها وتثبيتها والتي من خلال ذلك يتم تطبيقها وإن أحد أسباب فشل التقييم هو عدم التقدم بالعمل , لذا يجب ألا تكون الأهداف الموضوعة مقبولة من قبل الطرفين فقط , بل يجب أيضاً أن تكون قابلة للتطبيق , إنه عمل يبدو كأنه مطلوب من المقيم كما هو مطلوب ممـن يتم تقييمه.

القيام بأعمال التقييم Making appraisal work :

هناك العديد من التقارير يتم تقديمها للمنظمة مـن خـلال نظـام التقييم تكون نتائجها التي تظهر بعد فترة قصيرة : أما وجود التغيير أو الاستمرار . بعض المنظمات تتصارع مع أنظمتها , لكنها تأخذ بعين الاعتبار أنها غـير فعالـة أو ناقصـة , في النظـام التقييم مـاذا يمكن أن يتم من إجراءات لتشجيع النظام على العمل بأقصى فعالية ممكنة؟

الفاعلية ستكون أكبر لو عرف كل من هـم ضـمن هـذا النظـام الهـدف مـن وضعه بوضوح.

مدير شؤون الموظفين والمدير العام بحاجة للعمل على توضيح المطلوب مـن نظـام التقييم لتحقيق المطلوب وكيفية ملاءمته مع النشاطات الوظيفية الأخرى التي تتجمع معها وتتغذى منها , مثل وظيفة التخطيط , التدريب , والمـوارد البشـرية . هـؤلاء علـيهم العمـل ضمن النظام كما عليهم تقدير الأهداف , إن لم يفعلوا فهـم فقـط يملـؤون النـماذج لإرضاء بعض الموظفين كما رأينا في بداية هذا التقرير . ومن المفيد أيضاً أن يكون نظام التقييم معترفاً به بشكل واضح من قبل المدير والجهـات الإداريـة العليـا , وعـدم اعتبـاره أمـراً يـتم تطبيقه من قبل الموظفين وهذا يتطلب أن يكون نمـوذج التقييم وثيقـة ذات أهميـة يـتم العمل عليها من قبل المقيم ومن يتم تقييمه خلال العام . كما يتطلب نظام التقييم انفتاحاً أكثر أي جعل معظم التغذية

الراجعة Feedback التي تعطي لمن يتم تقييمه تكون حـول تقـدير عملـه . ففـي الغالـب يقبل من يتم تقييمه أكثر ما يرفض العملية فكلما زادت مدى مشاركة من يتم تقييمهم في النظام كلما زادت فرصة الحصول على التزامهم, والحفاظ على ما تم إنجازه : كما أنه لـيس كل من يتم تقييمهم قادرون ويستحقون المشاركة في عملية التقييم وليست كـل الثقافـات التنظيمية تدعم العمليات التشاركية أثناء عملية التقييم.

كما كتب سنورت عن مشاركة كل مـن المقيم ومـن يـتم تقييمـه في تحديـد معـايير التقييم والتي يجب أن تكون :

١ - مرتبطة بهدف (عائد) على النجاح أو الفشل في العمل.

٢ - خاضعة للموضوعية أكثر مـن كونهـا خاضعـة للانطباعـات الشخصـية وهـي مساعدة إذا كانت :

أ ـ سهلة الإدارة على المقيم.

ب ـ تظهر العدل والملائمة ومرتبطة بمن يتم تقييمه.

جـ ـ تظهر التوازن بين التحضير للأعمال الحالية وفي نفس الوقت كونها قـادرة علـى العمل ضمن منظمة أكثر انتشاراً.

كما تبرز الحاجة هنا إلى التدريب لكل من المقيم ولمن يتم تقييمه من أجل الحصول على فعاية المقابلة التقييمية وفي دراسة منشورة بينت أن أكـثر مـن ثلـث المـنظمات تمتلك نظام تقييم يدرب كل المتقابلين علـى المقابلـة التقييميـة وأن ١٨% مـن المبحوثين قالوا أن جميع المقابلين يتم تدريبهم على المهارات الشخصية وأن التقييم يتم مـن خلالهـم . كـما أن حوالي ٢٥% من المبعوثين رأوا أن التدريب مهم بالنسبة لمن يشعرون بحاجـة إلا أن ٢٠% لم يخضعوا للتدريب أبداً.

وبذلك حتى لو كان نظام التقييم ممتازاً فهو لن يفيد إن كان المدير لايعلم كيف يستخدمه ليعطي أفضل النتائج . كما أن نظام التقييم بحاجة للإدارة بحيث يكون قادراً على أيجاد الحلول لأكبر قدر ممكن من المشاكل لكلا الطرفين . فملء النماذج بالكلام يجب أن يخصص له أقل قدر ممكن ويجب تخصيص الوقت الكافي للعمل بالشكل الصحيح لكن يجب أن يتم ذلك بحيث تصبح غير مهمة أولها أولوية أقل كما أن نظام التقييم يحتاج للدعم من خلال الأعمال التالية : مخططات الأعمال التي تم الاتفاق عليها بين المقيم ومن ثم تقييمه ويجب الإشراف عليها حتى يتم التأكيد على أنها قيد التنفيذ الفعلي.

أو أن ما تم تعديله اعتمد على التغيرات في الظروف أو الأولويات كما يجب تحديد متطلبات التدريب ويجب أن تلبي المخططات هذه الإحتياجات . بعض المخططات التطويرية الأخرى يمكن أن تتضمن التنقلات المؤقتة في الأقسام الوظيفية الأخرى عند ظهور شاغر معين ولتحقيق ذلك , يجب أن لاتكون نماذج التقييم مجرد ملفات منسية.

الفصل الثاني عشر : تقييم الوظائف

- مقدمة

- أهداف عملية تقييم الوظائف

- الإعتبارات المناسبة للطرق التقييم للوظائف

- مراحل الإعداد لعملية تقييم الوظائف

تقييم الوظائف

مقدمة :

تهدف عملية تقييم الوظائف إلى تحديد الأهمية النسبية للوظيفة مقارنة بغيرها من وظائف المنظمة من خلال عدد من الأساليب العلمية , تعرف بطرق تقييم . وصولا إلى تحديد الأجور العادلة لها . على أن إستخدام أي من طرق التقييم لايعني إغفال معدلات الأجور السائدة في سوق العمل وعلى وجه الخصوص عند تقييم وظائف أخد منظمات القطاع الأهلي : إذ إن المنظمات الحكومية أقل تأثراً بالأجور السائدة في سوق العمل.

وأيا كان فإن عملية تقييم الوظائف تهدف بصفة أساسية إلى :

١ - توفير أساس موضوعي لبناء وتحديث هيكل الأجور.

٢ - المساهمة في القضاء على التفاوت في مستويات الأجور : إذا أنه يقدم وسيلة عملية لمقارنة الوظائف ببعضها ومن ثم إلحاق الوظائف المتماثلة في درجة الصعوبة والمسؤولية ومطالب التأهيل بنفس درجة الأجر.

٣ - وسيلة لتقييم الوظائف الجديدة.

٤ - يمكن من تحديد علاقات الفئات الوظيفية ببعضها.

وتختلف طرق تقييم الوظائف عن بعضها البعض , فلكل منها جوانبه الإيجابية والسلبية بما يجعل من إحداها أكثر ملائمة من غيرها لمشروع أو منظمة دون أخرى : ولذا يتم اختيار الطريقة المناسبة بناءً على دراسة وافية تأخذ في الإعتبار عددا من الأمور منها :

١ - الهدف من عملية التقييم.

٢ - الإمكانات المادية المتاحة .

٣ - الإمكانات البشرية القادرة على تبني خطة التقييم وتنفيذها.

٤ - درجة الدقة المطلوبة.

---

٥ - سهولة التنفيذ والصيانة.

٦ - حجم مجتمع الدراسة (جميع أجهزة الدولة أو بعضها , منظمة , عدد من الوظائف).

كما أن طرق تقييم الوظائف تختلف عن بعضها فيما يتعلق بالجوانب الفنية والخطوات التنفيذية التي تميز كل طريقة عن الأخرى , إلا أنها تشترك في عدد من الإجراءات والترتيبات الإدارية والتنظيمية المسبقة والتي لابد من استكمالها قبل البدء في تطبيق أي من تلك الطرق . هذه الإجراءات تؤلف ما نطلق عليه بـ "مرحلة الإعداد لعملية التقييم" والتي نوجزها :-

مراحل الإعداد لعملية التقييم :

أولا - الإعداد لعملية التقييم :

تضم الخطوات التالية :

١ - حصر الوظائف المراد تقيمها :

يتم إعداد قائمة بعدد الوظائف الداخلة في عملية التقييم تشمل مسمياتها ومراتبها والوحدات الإدارية التي تتبع لها , وذلك بإستخدام نماذج معدة لهذا الغرض يساعد تصميمها بشكل موحد على تسهيل عملية الحصر وتنظيمها.

٢ - إعداد الأوصاف الوظيفية :

يعد لكل وظيفة (إن لم يوجد) وصف وظيفي يكتب ما أمكن على بطاقات (كروت) ليسهل عملية الفرز والمقارنة لاحقا , على أن يتضمن ذلك الوصف : مسمى الوظيفة , رقمها الوظيفي(إن وجد) رمزها التصنيفي , مرتبتها , موقعها التنظيمي , واجباتها , مسؤولياتها , الإشراف منها وعليها , الإتصالات , القرارات والتوصيات , مطالب التأهيل , ظروف العمل , المخاطر والأمراض المهنية.

٣ ـ تشكيل لجان التقييم :

تشكل لجنة عامة ويعين لها رئيس , تكون مهمتها على النحو التالي :

أ ـ وضع الخطة الرئيسية والخطط الفرعية زمانياً ومكانياً.

ب ـ الإشراف على تنظيم وتنسيق أعمال اللجان الفرعية.

جـ ـ تهيئة وتوفير الظروف الملائمة لإنجاح عملية التقييم.

د ـ وضع الأطر العامة والقواعد والتعليمات الخاصة بعملية التقييم.

هـ ـ العمل على توفير المستلزمات الضرورية للجان الفرعية من أدوات ووسائل وآلات ونماذج.

و ـ متابعة أعمال اللجان الفرعية والعمل على حل ما قد يعترض من عقبات.

ز ـ استلام نتائج تقييمات اللجان الفرعية وإعداد التقرير النهائي لعملية التقييم.

كما يشكل عدد من اللجان الفرعية يعتمد عددها على إعداد وأنواع وظائف المشروع , فقد يعهد مثلاً بوظائف وحدة الشؤون الإدارية والمالية في منظمة متوسطة الحجم إلى لجنة واحدة , بينما يتطلب الأمر أكثر من لجنة في منظمة كبيرة الحجم . ويجب أن يتوفر في عضو اللجنة المعرفة التامة بالوظائف المراد تقييمها وطريقة التقييم المتبعة وبعض مهارات تحليل الوظائف , كما يفضل أن يكون لديه خبرة سابقة في تقييم أو تصنيف الوظائف . ويعين لكل لجنة فرعية رئيس يكون مسئولاً عن التنسيق بين أعمالها ومتابعة التنفيذ , والتقيد بالقواعد والتعليمات التي تصدرها اللجنة العامة , وحل ما قد يطرأ من مشكلات , والعمل كحلقة وصل مع اللجنة العامة , وأخيراً يقدم نتائج التقييم التي تتوصل إليها لجنته إلى رئيس اللجنة العامة.

وتكون مهمة اللجنة الفرعية على النحو التالي :

أ ـ إجراء عملية التقييم للوظائف التي يعهد بها إليها في القواعد والتعليمات التي تصدرها اللجنة العامة.

ب ـ رصد نتائج تقييم الأعضاء , وتثبيت ذلك في نماذج خاصة معدة لهذا الغرض.

جـ ـ إعداد التقرير النهائي وتقديمه إلى رئيس اللجنة الفرعية الذي يرفعه بـدوره إلى رئيس اللجنة العامة.

٤ - اختيار عوامل التقييم وتعريفها :

عوامل التقييم هي مجموعة العناصر الداخلة في تركيب الوظائف , وتهدف إلى الكشف عن محتوى وأبعاد الوظيفة بغرض تحديد الأهمية النسبية لها مقارنة بغيرها من وظائف المنظمة , وتتنوع عوامل التقييم من مجموعة وظيفية لأخرى : إذا إن ما يناسب مجموعة وظيفة قد لا يناسب مجموعة وظيفية أخرى .

وكمثال على ذلك التنوع والتعدد نستعرض ما وضعته منظمة العمل الدولية عام ١٩٨٦ م ومنها :

التعليم , المهارات العقلية , المهارات البدنية , المهارات الأجتماعية , المعرفة , المبادأة , الدقة درجة تعقد العمل , حل المشكلات , المسؤوليات الإشرافية , المسؤولية عن الأمـوال , المسؤولية عن سرية المعلومات , المسؤولية عـن الأجهـزة والآلات , المسؤولية عـن الملفـات والتقارير , ظروف العمل , ضغوط العمل , مهارات التخطيط والتنسيق , إتخاذ القرارات.

ويجب أن تكون عوامل التقييم المختار معبرة عن جميع الوظائف التي تمثلها , وهو ما يترتب عليه إستخدام مجموعة واحدة من العوامل لتقييم جميع الوظائف , أو إستخدام أكثر من مجموعة , بحيث يكون لكل نوع من

الوظائف مجموعة العوامل التي تناسبه , فمثلا مجموعة الوظائف الإدارية والمالية يناسبها عوامل مثل المسؤولية , الإشراف , المبادأة , الابتكار , بينما يناسب بشكل أكبر مجموعة الوظائف التعليمية عوامل مثل التوجيه التربوي , التعليم الخبرة , القدرة على توصيل المعلومات وهكذا . وعلى العموم فإنه عند تحديد عوامل التقييم يجب أن يؤخذ في الاعتبار :

١ - نوعية نشاط المنظمة (تجاري , صناعي , زراعي ...).

٢ - تنوع وظائف المنظمة.

٣ - اتساع أو محدودية الفروقات بين الأنواع المختلفة من الوظائف.

٤ - الإمكانات المتاحة (مادية , بشرية ..).

٥ - العامل الزمني ومدى أهميته في عملية التقييم.

كما يجب ملاحظة اختيار العدد المناسب , إذ أنه ليس هناك اتفاق بين المختصين على العدد المناسب , والأدق أن يترك ذلك لما يقرره خبراء التصنيف وفقاً للاعتبارات السابقة ومقتضى الحال , مع ملاحظة أن زيادة العدد سوف يؤدي إلى زيادة درجة صعوبة التطبيق , وكلما قل العدد أدى ذلك إلى عدم دقة النتائج.

بعد اختيار عوامل التقييم يتم تعريف كل منها بدقة ووضوح وشمولية, لضمان وحدة مفهوم المقيمين لكل عامل من العوامل بما يحد من التباينات في نتائج التقييم والتي يكون سببها الإختلاف حول مضمون أو أبعاد أي من تلك العوامل.

٥ - اختيار وتعريف الوظائف الدالة :

يجب إعطاء موضوع الإختيار عناية فائقة : إذ أن الوظائف الدالة يجب أن تكون ممثلة لمجموعة الوظائف المشمولة بعملية التقييم , وللتأكد من ذلك فإنه يجب أن يتوفر فيها عدد من الشروط ومنها :

١ - أن تكون ممثلة لجميع الوظائف المطلوب تقييمها بحيث تعكس :

- المستويات الإدارية المختلفة (الإدارة العليا , المتوسطة , التنفيذية).

- الأنواع المختلفة للوظائف (حرفية , كتابية , فنية , إدارية , تعليمية).

- المستويات المختلفة للأجور (الوظائف ذات الأجور المرتفعة , المتوسطة , الدنيا).

٢ - أن تكون معروفة على مستوى التنظيم من حيث كونها إحدى الوظائف الرئيسية في التنظيم , أو معروفة من قبل الجميع (الإدارة والعاملين) مثل وظيفة محاسب التي يعرف الجميع واجباتها ومسؤولياتها , أو أن يكون قد اكتسبت تلك الصفة (كونها معروفة) بسبب رسوخ قدمها في التنظيم لطول زمن إنشائها وكونها مشغولة طوال الوقت.

٣ - ألا يكون هناك خلاف أو شكوى أو اعتراض أو تذمر من قبل العاملين أو الإدارة حول مستوى الأجر المخصص لها . بمعنى استقرار وعدالة الأجر المحدد لها.

٤ - أن تكون واضحة ودقيقة فيما يتعلق بالواجبات والمسؤوليات والأوصاف الوظيفية ومطلب التأهيل.

٥ - أن يكون لها اسم مميز يعبر عن واجباتها , ويعكس بقدر الإمكان أهميتها النسبية مقارنة بغيرها.

وفيما يتعلق بعدد الوظائف الدالة فإنه ليس هناك اتفاق بين المتخصصين حول العدد الأمثل.

ثانياً ـ الطرق الاجتماعية لتقييم الوظائف :

أ - طريقة الترتيب

من أقدم طرق تقييم الوظائف وأكثرها بساطة وشيوعاً , تعرف بأنها : طريقة غير تحليلية وغير كمية , فالوظائف لاتفتت إلى عناصرها الأولية , كما أن درجة الاختلاف بين الوظائف غير مهمة, بل أن الطريقة تحدد ما إذا كانت وظيفة ما على الإجمال أكثر أهمية وإلحاحا من الأخرى.

أساسها النظرة الشاملة الكلية للوظيفة باعتبارها وحدة واحدة , دون تفكيكها أو تجزئتها إلى عواملها الأولية , ومن هذا المنطلق , يتم تحديد القيمة النسبية للوظيفة بمقارنتها كوحدة واحدة بغيرها من الوظائف المشمولة بعملية التقييم , فتكون محصلة ذلك مدرجاً تنازليا تحتل فيه أكثر الوظائف أهمية أعلى القائمة , بينما تستقر أقل الوظائف أدنى تلك القائمة.

واعتماد هذه الطريقة على أساليب الحكم الشخصي الإجمالي على الوظيفة يؤدي إلى اختلاف تقييم لشخص لنفس الوظيفة من فترة زمنية لأخرى , وكذا اختلاف التقييم بتعدد المقيمين . وإزاء هذا التباين فقد تم وضع بعض الضوابط ليسترشد بها المقيمون عند إجراء عمليات التقييم بإستخدام هذه الطريقة , ومنها الإعتماد على عدد من عوامل التقييم , وعدد آخر من الوظائف الدالة يتم تحديدها قبل البدء في تنفيذ الطريقة.

مراحل تطبيق الطريقة :

المرحلة الأولى ـ الإعداد لعملية التقييم :

تشمل هذه المرحلة عدة خطوات : تم إيضاحها في بداية هذا الفصل وهي:

ـ حصر الوظائف المراد تقييمها.

ـ إعداد الأوصاف الوظيفية .

ـ تشكيل لجان التقييم .

ـ إختيار عوامل التقييم وتعريفها .

ـ إختيار وتعريف الوظائف الدالة .

المرحلة الثانية ـ تقييم الوظائف :

تشمل الخطوات التالية :

١ - تجتمع اللجنة الرئيسية برؤساء اللجان الفرعية لوضع خطة التنفيذ , وتحديد الجدول الزمني لمراحل التنفيذ وأية تعليمات أو ضوابط في هذا الخصوص.

بعدها يعطى رئيس كل لجنة فرعية الوظائف المحددة للجنته مرفقا بها بيان مفصل بعوامل التقييم والوظائف الدالة وتعاريفها.

٢ - يجتمع رئيس كل لجنة فرعية بأعضاء لجنته : ليوضح لهم ضوابط وتعليمات عملية التقييم , وتزويدهم بالجدول الزمني وعوامل التقييم والوظائف الدالة والنماذج الخاصة بالتقييم , وأخيراً , يوزع عليهم ما يخص كل منهم من وظائف مرفقاً بها الوصف الوظيفي لكل وظيفة.

٣ - يقوم كل عضو بشكل منفرد بتقييم مجموعة الوظائف الموكلة إليه, وذلك بدراسة أوصافها الوظيفية , ثم ترتيبها تنازلياً مسترشداً في ذلك بعوامل التقييم ومجموعة الوظائف الدالة المعطاة له . وبذلك تكون نتيجة تقييمه قائمة تحتل أعلاها أكثر الوظائف أهمية بالنسبة له . وأدناها أقل الوظائف أهمية.

يكرر كل عضو عملية التقييم مرتين أخريين على فترات يفصل بين كل مرة وسابقتها من ثلاثة إلى سبعة أيام : وذلك لإستدراك ما قد يكون اغفله عند التقييم من معلومات , أو اعتبارات لها أهمية أو أثر على نتائج التقييم , كما أنها فرصة لتصحيح ما قد يكون ارتكبه من أخطاء أثناء التقييم السابق مثل اعتماده على عناصر دون أخرى , أو تأثره بحالة معينة كمسمى الوظيفة أو محتواها , أو موقعها التنظيمي أو راتبها أو اسم شاغلها.

٤ - يعاد تقييم الوظائف المسندة لكل عضو من قبل عضوين آخرين , على أن يتم اتباع نفس الإجراءات السابقة في الفترة الثالثة.

٥ - في حالة اختلاف نتائج تقييمات الأعضاء حول إحدى مجموعات الوظائف يتم أخذ المتوسط.

٦ - تقدم التقييمات النهائية التي تتوصل إليها اللجان الفرعية إلى رئيس اللجنة العامة.

٧ - تقوم اللجنة العامة بعد استلام تقييمات اللجان الفرعية بوضعها في شكلها النهائي ورفعها للإدارة كمشروع متكامل.

مثال على طريقة الترتيب

اسم الوظيفة	مرتبتها
أ	١
ب	٢
جـ	٣
د	٤
هـ	٥
و	٦
ز	٧
ح	٨
ط	٩
ى	١٠

المطلوب : إعادة تقييم هذه الوظائف بإستخدام طريقة الترتيب

إجراءات التطبيق :

المرحلة الأولى :

يحدد فيها الوظائف المطلوب تقيمها وهـي : (أ , ب , جـ , د , هــ , و, ز , ح , ط , ى).

المرحلة الثانية ـ تقييم الوظائف :

١ - يقوم كل عضو بدراسة الأوصـاف الوظيفيـة لهـذه الوظائف مسترشـداً بعوامـل التقييم المتفق عليها , بتقييم الوظائف ثلاث مرات يفصـل بـين كـل مـره والتـي تليها فـترة أسبوع , ثم رصد نتائج التقييم وعمل المتوسطات فتكون النتيجة كما في الجدول رقم (٤).

جدول رقم (٤)

متوسط تقييم الوظائف لأحد أعضاء اللجنة طبقاً لطريقة الترتيب

المتوسط بعد التقريب	المتوسط	الترتيب الثالث	الترتيب الثاني	الترتيب الأول	الوظيفة
١	١	١	١	١	أ
٢	٢	٢	٢	٢	ب
٣	٣	٣	٣	٣	جـ
٤	٤,٣٣	٤	٤	٤	د
٥	٥	٥	٥	٥	هـ
٦	٦	٦	٦	٦	و
٧	٧	٧	٧	٧	ز
٨	٧,٦٦	٨	٨	٨	ح
١٠	٩,٦٧	٩	١٠	١٠	ط
٩	٩,٣٣	١٠	٩	٩	ى

٢ - إعادة التقييم من قبل عضوين آخرين , على أن يتبعها نفس الخطوات السابقة , فيكون متوسط تقديرات الأعضاء الثلاثة كما هو موضح في الجدول التالي جدول رقم (٥).

جدول رقم (٥)

متوسط تقييمات الأعضاء في طريقة الترتيب

المتوسط بعد التقريب	المتوسط	متوسط تقدير العضو الثالث	متوسط تقدير العضو الثاني	متوسط تقدير العضو الأول	الوظيفة
١	١,٦٧	٢	٢	١	أ
٢	٢,٣٣	٣	١	٢	ب
٣	٢	١	٣	٣	جـ
٤	٤	٤	٤	٤	د
٥	٥,٦٧	٦	٥	٥	هـ
٦	٥,٣٣	٥	٦	٦	و
٧	٧	٧	٧	٧	ز
٨	٨,٦٧	٩	٩	٨	ح
٩	٩	٨	١٠	٩	ط
١٠	٩,٣٣	١٠	٨	١٠	ى

الإيجابيات وأوجه القصور في طريقة الترتيب :

الإيجابيات :

١ - البساطة وسهولة التطبيق.

٢ - محدودة التكاليف.

٣ - تعطي نتائج سريعة مقارنة بغيرها.

٤ - سهولة فهمها من قبل العاملين .

أوجه القصور :

١ - لاتناسب المنظمات كبيرة الحجم .

٢ - تفتقر إلى الناحية الموضوعية : إذ تعتمد إجمالاً على التقدير الشخصي للمقيم.

٣ - إمكانية تأثر المقيم بشخصية شاغل الوظيفة أو مسماها أو راتبها.

من أهم الطرق الاجتماعية لتقييم الوظائف :

ب ـ طريقة المقارنة الزوجية :

أسلوب مطور لطريقة الترتيب يعتمد على مقارنة كل وظيفة من الوظائف الخاضعة لعملية التقييم بغيرها مباشرة وبشكل فردي , وتسجيل نتيجة ذلك في سجل خاص معد لهذا الغرض , وهذه الطريقة أسلوب مطور لطريقة الترتيب يهدف إلى الحد من السلبيات وأوجه القصور التي تعاني منها.

وتستخدم في هذه الطريقة جميع الإجراءات الخاصة بطريقة الترتيب في جميع مراحلها (كما سبق تفصيل ذلك) عدا أن عضو لجنة التقييم لايقارن الوظائف ببعضها مجتمعه , بل يلجأ إلى مقارنة كل وظيفة بوظائف المجموعة واحدة تلو الأخرى وبشكل مستقل.

لتطبيق طريقة المقارنة الزوجية هناك مدخلان يعتمد أحدهما على استخدام العلامات , والآخر يعتمد على استخدام الأرقام وذلك على النحو التالي :

المدخل الأول : استخدام العلامات :

١ - يستخدم جدول خاص مقسم إلى عدد من الأعمدة والصفوف يسجل في العمود الأول منه جميع الوظائف المطلوب تقييمها مرتبة من أعلى

إلى الأسفل , ثم تسجيل نفس الوظائف في الصف الأول من اليمين إلى اليسار بنفس طريقة ترتيبها في العمود.

٢ - تقارن الوظيفة الأولى في العمود الأول بالوظيفة الأولى في الصف الأول , ويوضع في الخانة المقابلة لهما علامة (×) إذا كانت الوظيفة في العمود أهم أو أكثر صعوبة من تلك التي يتم المقارنة معها في أحد الصفوف. أما إذا كانت الوظيفة تقارن بنفسها أو أن الوظيفة في العمود أقل أهمية أو صعوبة من تلك التي في الصف : فيسجل علامة (-) في المربع المقابل , ويستكمل مقارنة جميع الوظائف بنفس الطريقة كما في الجدول رقم (٦) الذي يوضح الخطوات السابقة :

جدول رقم (٦)

مثال على طريقة المقارنة الزوجية بالعلامات

الوظيفة	أ	ب	جـ	د	هـ	المجموع
أ	-	-	-	-	-	صفر
ب	×		×	×	×	٤
جـ	×	-		-	-	١
د	×	-	×		-	٢
هـ	×	-	×	×	-	٣

٣ - تجمع النقاط التي حصلت عليها كل وظيفة , فنحصل على ترتيب الوظائف حسب أهميتها بناء على ما تحصلت عليه كل وظيفة من نقاط , ثم ترتب الوظائف تنازليا ويثبت ذلك على النحو التالي :

نتائج المقارنة الزوجية بالعلامات

الوظيفة	الترتيب
ب	١
هـ	٢
د	٣
جـ	٤
أ	٥

المدخل الثاني : استخدام الأرقام :

يتبع في هذا المدخل نفس الإجراءات السابقة مع استبدال العلامات بالأرقام بحيث تعطى الوظيفة الأكثر أهمية ثلاث نقاط , نقطتان إذا كان لهما نفس الأهميـة أو درجـة الصعوبة , نقطة واحدة إذا كانت الوظيفة أقل أهميـة, ولا شيء إذا كانـت الوظيفـة تقـارن بنفسها . ولتوضيح ذلك نعرض جدول رقم (٨) مستخدمين نفس المثال السابق :

مثال على طريقة المقارنة الزوجية بالأرقام

الوظيفة	أ	ب	جـ	د	هـ	المجموع
أ	-	١	١	١	١	٤
ب	٣	-	٣	٣	٣	١٢
ج	٣	١	-	٢	١	٧
د	٣	١	٢	-	٢	٨
هـ	٣	١	٣	٢	-	٩

- تثبيت ترتيب الوظائف حسبما أسفرت عنه نتيجة المقارنة , جدول رقم (٩)

نتائج المقارنة الزوجية بالأرقام

الوظيفة	الترتيب
ب	١
هـ	٢
د	٣
جـ	٤
أ	٥

من أهم الطرق الاجتماعية لتقييم الوظائق :-

ج ـ طريقة التدريج :

تسمى أيضا طريقة التصنيف Classification Method وهـي تتشـابه مـع طريقـة الترتيب من حيث اعتمادها على الحكم الإجمالي على

الوظيفة دون الدخول في نواح كمية أو تحليلية , وتقوم على فكرة مقابلة أوصاف الوظائف بمدرج يضم مستويات متباينة من الصعوبة والمسؤولية : لتحديد أنسب تلك المستويات إلى وصف الوظيفة الجاري تقييمها وإعطائها ذلك المستوى فيكون بذلك قد تم التقييم وفقاً لهذه الطريقة.

خطوات تطبيق الطريقة :

المرحلة الأولى ـ إنشاء مدرج القياس :

هو مدرج مكون من عدد من المستويات يتناسب مع إعداد وأنواع الوظائف الخاصة بالمنظمة , بحيث إن كل مستوى يمثل درجة معينة من الصعوبة والمسؤولية , وهذا المدرج يتم وضعه من قبل مجموعة عن المتخصصين تتوفر لديهم الخبرة الكافية والمعرفة بأنواع الوظائف وفئاتها , وكذلك مهارات التحليل والتقييم .

وبعد وضع المدرج يتم عمل وصف دقيق ومتكامل لكل مستوى من مستوياته , وفيما يلي مثال المدرج يضم ثلاثة مستويات :

مثال لمدرج قياس تصاعد وفقاً لطريقة التدريج

المستوى	التعريف
الأول	عمل روتيني متكرر , لايحتاج إلى خبرة وإنما يحتاج إلى تعليمات أولية بسيطة , الرقابة لصيقة وتتم غالباً في معظم مراحل العمل , يحتاج للقيام به إلى فترة تدريب لاتزيد على شهر في الغالب , المؤهلات المطلوبة الشهادة الابتدائية أو مايعادلها.
الثاني	عمل شبه روتيني يميل إلى التكرار , يحتاج إلى بعض المهارات الأولية لأدائه , قد يستعمل بعض الآلات التي يحتاج إلى التدرب عليها , الرقابة مباشرة وتغطي معظم جوانب العمل , يحتاج إلى فترة تدريب لاتقل عن ستة أشهر , المؤهلات المطلوبة الشهادة المتوسطة أو مايعادلها.
الثالث	يتطلب أداء العمل نوعاً من التفكير البسيط واتخاذ القرار في كثير من الأمور , يتحمل شاغل الوظيفة درجة كبيرة من المسؤولية , يخضع للإشراف في بعض مراحل العمل خاصة في البداية , قد يحتاج للقيام بالعمل إلى استخدام بعض الأجهزة كالحاسب الآلي , يحتاج إلى فترة تدريب أعلى من ستة أشهر , الشهادة المطلوبة الثانوية العامة أو ما يعادلها.

- مثال آخر لاوصاف الدرجات في الجدول العام للحكومة الفدرالية بالولايات المتحدة الأمريكية.

المرحلة الثانية ـ تقسيم الوظائف :

تشمل مايلي :

١ - مقابلة الوصف الوظيفي الخاص بكل وظيفة بأوصاف المستويات على مدرج القياس لتحديد أي من تلك المستويات أكثر اتفاقاً ومناسبة

لوصف الوظيفة , ومن ثم إلحاق الوظيفة بذلك المستوى فتكون تلك هي درجة تقييمها.

٢ - بعد الانتهاء من تقييم جميع الوظائف بالطريقة السابقة , تثبت نتائج التقييم في سجل خاص بذلك تمهيدا لتحديد فئة الأجر المناسب حسب سلم الأجور المعمول به.

ملاحظة :

- قد يكون المدرج هو نفسه سلم الأجور المعمول به في المنظمة , وبالتالي فيكتفي لتنفيذ الطريقة بوضع تعاريف دقيقة لكل من مراتبه , ثم إجراء التقييم لتحصيل الوظيفة مباشرة على المرتبة والأجر الذي تستحقه.

في حالة كون عدد الوظائف المطلوب تقييمها كبيراً جداً فإنه يتم تقسيم تلك الوظائف إلى فئات متماثلة في مستوى الصعوبة والمسؤوليات ومطالب التأهيل , ثم تقييم تلك الفئات بمقابلة أوصافها بتعاريف المستويات على المدرج لتحديد درجتها , وبذلك يمكن تحديد درجة أي وظيفة بمعرفة الفئة التي تنتمي إليها.

الإيجابيات وأوجه القصور في طريقة التدريج :

١ - سهولة تطبيقها وسرعة ظهور نتائجها .

٢ - قلة التكاليف .

٣ - أكثر دقة من طريقة الترتيب.

٤ - أنها تناسب المنظمات الصغيرة والكبيرة على حد سواء.

٥ - سهولة فهمها من قبل المتعاملين معها .

أوجه القصور :

١ - صعوبة وضع تعاريف دقيقة ومحددة للمستويات.

٢ - إعتمادها على الحكم الإجمالي على الوظيفة مما قد يعطي فرصة لتتدخل العوامل الشخصية في التقييم.

٣ - إحتياجها إلى أفراد تتوفر لديهم خبرة كافية في تقييم الوظائف وفي طبيعة عمل الوظائف المطلوب تقيمها.

ثالثا ـ الطرق الكمية لتقييم الوظائف :

أ - طريقة النقاط :

أولى الطرق الكمية وأكثرها شيوعاً وإستعمالاً , وتسمى أيضاً بطريقة تقييم الوظائف بالنقاط الموزونة . وضعها (ميرل ر. لوت Merill R. Lott) عام ١٩٢٤م تستخدم على نطاق واسع في المجال التجاري وبصفة خاصة في المشروعات الصناعية , وقد عرفها معهد المقايسة البريطاني عام ١٩٧٩م بأنها : طريقة تقييم الوظائف على أساس كمى عن طريق التحليل التفصيلي لعوامل الوظيفة الأساسية , ثم تعريف كل عامل وإعطائه مدى من النقاط , بحيث أن كل وظيفة يمكن تقييمها رقمياً ضمن ذلك المدى.

تقوم هذه الطريقة على استخدام مقياس كمى لتحديد ما تستحقه الوظيفة المطلوب تقييمها من نقاط , ثم مقابلة تلك النقاط بالمدى الملائم على جدول تحويل النقاط إلى مراتب لتحديد المرتبة التي تستحقها الوظيفة . وهي شبيهة في آليتها بطريقة التدريج من حيث أن كلتيهما يعتمد في تقييم الوظيفة بمقارنتها بمقياس محدد مسبقاً , الا أن طريقة التدريج تقوم على مقارنة وصف الوظيفة بأوصاف المراتب لتحديد مرتبتها , بينما تقوم طريقة النقاط على مقابلة كل من العوامل الداخلة في تركيب الوظيفة المراد تقييمها بمقياس

كمى لتحصيل الوظيفة نتيجة تلك المقابلة على عدد من النقاط لكل عامل من عواملها , يكون إجمالي تلك النقاط مجتمعه هو وزن الوظيفة .

ب ـ طريقة مقارنة العوامل :

إحدى الطرق التحليلية الكمية وتقوم على عنصرين رئيسين هما :

- تحديد عدد عوامل التقييم .

- اختيار عدد من الوظائف الدالة .

وطريقة مقارنة العوامل عبارة عن مزيج مطور يضم بعضا من خصائص طريقتي الترتيب والنقاط , فهي تقوم على إستخدام مجموعة من عوامل التقييم - مثلها في ذلك مثل طريقة النقاط , كما تعتمد في بعض مراحلها على تقييم الوظائف بالحكم الإجمالي عليها دون تفكيكها إلى عواملها الأولية - وهي خاصية تستمدها من طريقة الترتيب.

الخلاصة :

طرق تقييم الوظائف هي الوسائل العلمية التي يمكن من خلالها تحديد أجور الوظائف , بما تتضمنه من إجراءات وترتيبات تهدف إلى إعطاء كل وظيفة ما تستحقه من أجر بناء على مستوى صعوبة العمل ودرجة المسؤولية مقارنة بغيرها من الوظائف . وهـذه الطرق تتنوع وتتعدد إلا أنه يمكن تصنيفها إلى مجموعتين رئيستين هما :

المجموعة الأولى : تعتمد في تقييمها للوظائف على الحكم الإجمالي الكـلي للوظيفـة دون الدخول في تفاصيل ومكونات تلك الوظيفة.

المجموعة الثانية : تعتمد في تقييمها للوظائف على تحليل الوظيفة إلى مكوناتها وعواملها الأولية , ثم قياس تلك العوامل للوصول إلى تقييم كلي للوظيفة.

ورغم ماتوفره هذه الطرق من إيجابيات , على رأسها كونها الوسائل العملية المتاحة لتقييم الوظائف , إلا أنها تعاني من بعض أوجه الضعف والقصور التي تختلف من طريقة لأخرى , ومن هنا يتحمل أخصائيوا تصنيف وتقييم الوظائف مسؤولية اختيار الطريقة المناسبة في ضوء العديد من المحددات والتي منها ظروف المنظمة وإمكاناتها المادية والبشرية والتقنية , إلى غير ذلك مما يخص وظائفها من حيث إعدادها وطبيعة أعمالها وتنوعها.

الفصل الثالث عشر : التفاوض

- تمهيد

- خطوات الإعداد للمفاوضات

التفاوض :

تمهيد :

يعتقد الكثير من الناس أن التفاوض يمثل مفهوماً يقتصر تطبيقه على العلاقات الدولية أو العلاقات الصناعية , ويحاول هؤلاء تطبيق المفهوم وقصره على مجالات دبلوماسية , ولكن مفهوم التفاوض يمتد ليشمل مجمل حياتنا فكل منا يتحاور ويتفاوض في أوضاع مختلفة.

فما من احد قد استغنى يوماً عن محاولة الدخول في إتفاق مع الأطراف الأخرى سواء كان ذلك بشأن مشروع للتنفيذ أو تحديد موازنة بنشاط معين أو حتى التفاوض بشأن شروط وموصفات وظيفية معينة , أن جوهر حياتنا هو لحوار فهو التفاعل والتكيف اللذان يضيفان إلى حياتنا كبشر المضمون والحس الإنساني.

ومع ما يتصف به التفاوض من عمومية المفهوم وأهميته إلا انه ليس بمقدور كافة الأفراد أن يتحاوروا ويتفاوضوا , وهناك عوامل كثيرة تساعد على أن تكون مهارات التفاوض نادرة وربما كان التعارض في طلبات الناس والتفاوت في رغباتهم أهم هذه العوامل ويمكن أن يكون الشخص مشدداً وحساساً محللاً ومرناً , ولكن الأمر يحتاج إلى ضوابط محددة.

خطوات الإعداد للمفاوضات :

إن التحضير والإعداد لمفاوضات من الأمور الهامة جدا والتي تتطلب درجة عالية من الدقة في تجهيز وتحديد الأهداف والتحليل الدقيق ورسم السياسات ووضع الإستراتيجيات المناسبة , ودراسة القضايا المطروحة ومعرفة عناصرها وعواملها المتغيرة بالإضافة إلى تحديد الموقف التفاوض للأطراف إتجاه القضايا التفاوضية وعملية تشخيص الظروف التفاوضية للطرف الآخر للمفاوضات يفيده معرفة نقاط الإلتقاء والإتفاق لتصبح هناك

أرضية مشتركة لدفع عملية التفاوض نحو أهدافها والتجهيز للمفاوضات يتضمن الخطوات التالية :

١ - التحديد والتشخيص الدقيق للقضايا التفاوضية.

٢ - تحديد الأهداف المراد تحقيقها من خلال المفاوضات.

٣ - تحليل الموقف على الجانبين.

٤ - جمع وتحليل البيانات عن البدائل المختلفة لمكان وزمان عقد المفاوضات والأطراف الأخرى للتفاوض وقدرتهم التنافسية ومواطن قوتهم ومواطن ضعفهم.

٥ - وضع وتحديد الإستراتيجيات البديلة والتكتيكات المصاحبة لها.

٦ - اختيار وإعداد فريق التفاوض.

٧ - إعداد سيناريوهات بديلة لخطة المناقشة والحوار.

٨ - الإعداد للجلسة الإفتتاحية للمفاوضات.

٩ - إعداد الجدولة الزمنية لعملية التفاوض.

١٠ - أختيار لغة التفاوض.

أولاً : التشخيص والتحديد الدقيق للقضية التفاوضية :

إن التشخيص والتحديد الدقيق للقضية التفاوضية والمعرفة الكاملة لكافة عناصرها وعواملها المتغيرة ومواطن الإختلاف والإتفاق الأكثر إحتمالا (يعطي لفريق التفاوض صورة واقعية للشكل العام للمفاوضات) ولذلك فإن هذه المرحلة تتكون من ثلاث خطوات :-

١ - وضع قائمة بكل القضايا والموضوعات.

٢ - تصنيف هذه القضايا إلى مجموعات.

٣ - ربط هذه القضايا بالعلاقة مع الطرف الآخر.

وعلى سبيل المثال فإن المفاوضة الجماعية يمكن أن تتضمن القضايا التالية :

١ - زيادة الأجور . ٢ - العلاوات .

٣ - الترقيات. ٤ - العمل الإضافي.

٥ - الإجازات. ٦ - المعاشات.

٧ - العمل أيام العطل الرسمية.

٨ - الخدمة الإجتماعية.

ثانياً : تحديد الأهداف المراد تحقيقها من خلال المفاوضات :

يجب تحديد الهدف بالنسبة لكل قضية من القضايا المطروحة , فإذا كنا لا نعرف ماذا نريد فمن الصعب أن نحقق شيئاً , والأهداف يجب تقسيمها حسب درجة أهميتها فهناك أهداف حيوية وإستراتيجية يتحتم تحقيقها وأخرى مرغوب تحقيقها وثالثة لا بأس بتحقيقها ... الخ.

ثالثاً : تحليل الموقف على الجانبين :

على كل طرف من الأطراف المفاوضات أن يحدد ماذا يريد أن يحققه من خلال المفاوضات وهذا يتطلب منه تحديد الأهداف والأولويات ودراسة وتحليل الظروف المحيطة ثم ينتقل على التركيز على الجانب الآخر والحصول على معلومات واضحة عنه (يمكن من خلالها التخطيط للحصول على ما تريده).

رابعاً : جمع وتحليل البيانات عن البدائل المختلفة :

إن المفاوض الجيد هو الذي يحاول أثناء فترة الاستعداد والتحضير للمفاوضات أن يحصل على المعلومات الأساسية التي تساعد على فهم الموقف من وجهة نظر الطرف الآخر وعليه أن يدرس هناك الطرف الأخر وعوامل

القوة الإستراتيجية المحتملة وتحليل كل هذه العناصر ووضعها في إطارها الصحيح يساعد على تفهم الطرف الآخر وكيف يفكروا وبالتالي يساهم في نجاح العملية التفاوضية , وكذلك يجب أن يكون لديه البدائل المتاحة والممكنة لمكان وعقد الاجتماع وأيضاً تحديد الزمان الذي يتناسب كل الأطراف.

خامساً : وضع وتحديد الإستراتيجيات البديلة والتكتيكات المعالجة لها :

الإستراتيجية التفاوضية هي الإطار العام للتحرك أثناء المفاوضات والأهداف الأساسية المطلوب تحقيقها وترجمة ذلك إلى سياسات ومبادىء عامة , يتم الألتزام بها على المدى البعيد في كافة جوانب العملية التفاوضية وبالتالي فإن الإستراتيجية هي التخطيط للتخطيط.

إما التكتيك , فإنه التخطيط لتنفيذ ويركز أساساً على كيفية تنفيذ الخطط وخطوات العمل اللازمة لتحقيق الأهداف بفاعلية.

فمثلاً : قد يكون الهدف هو حسم المفاوضات بسرعة (إستراتيجية) فيلجأ المفاوض لتحقيق ذلك باستخدام أسلوب التهديد بالانسحاب وقطع المفاوضات كوسيلة للضغط على الطرف الآخر (التكتيك) حرصا على عدم تضيع الوقت والإستمرار في الجدل.

سادسا : اختيار وإعداد فريق التفاوض :

إن اختيار فريق التفاوض من النقاط المهمة جداً في عملية التفاوضية فنجاح المفاوضات يعتمد بصفة رئيسية إلى حسن اختيار أعضاء فريق التفاوض لأن المفاوضة بطبيعتها تحتاج إلى مهارات وقدرات وخصائص خاصة قد لا تتوفر لدى الكثير.

وكذلك لابد من الأخذ بعين الإعتبار أهمية عملية إعداد وتدريب وتهيئة فريق التفاوض عن طريق مد أعضائه بالمعلومات المطلوبة والكافية وصقل الخبرات والمهارات الضرورية للعمل التفاوضي.

سابعاً : إعداد الجدولة الزمنية لعملية التفاوض :

ويتضمن ذلك تحديد التوقيت المناسب لبدء المفاوضات في ضوء رغبات الأطراف الأخرى المشاركة في التفاوض وكذلك تقدير الفترة الزمنية التي تخص كل مرحلة تفاوضية (عدد الجلسات/الأيام/أسابيع) كما يتضمن الجدولة الزمنية وضع توقيت مبدئي لنهاية المفاوضات.

ثامناً : اختيار لغة التفاوض :

وهذه من الأمور الهامة جداً في عملية التفاوض فعلياً وتكون هناك مشاكل متعددة حينما تختلف اللغات الأصلية للإطراف , وفي هذه الحالة يمكن لفريق التفاوض الاستعانة بالمترجمين المختصين لإنجاز هذه المهمة.

تاسعاً : إعداد سيناريوهات بديلة لخطة المناقشة والحوار :

وتهدف هذه المرحلة إلى (تكوين تصورات عملية بديلة لسير المفاوضات) تتضمن الآتي :

١ - تصورات بديلة لبداية الجلسة التفاوضية ومن الذي يبدأ بالحديث وبماذا يبدأ وكيف يقدم زملائه , وكيف يتم تجاذب أطراف الحديث التمهيدي والفترة الزمنية المتوقعة لذلك التمهيد.

٢ - مدى الحاجة إلى إعلان عن المواقف المتوقعة ومدى الصراحة والأمانة في ذلك والإعلان عن البداية.

٣ - تحديد طريقة وترتيب عرض القضايا محل التفاوض وطرح جهة النظر بشأنها.

٤ - الحدود الدنيا والقصوى لمطالب الطرف الآخر وما يمكن أن تكون عليه ردود أفعالنا.

عاشراً : الإعداد للجلسة الافتتاحية للمفاوضات :

وتعتبر عملية الإعداد والتحضير للجلسة الافتتاحية هي المرحلة الأخيرة مـن مراحـل التخطيط للتفاوض والتي تتضمن رفع التصورات والترتيبات الخاصة بهذه الجلسة من حيث أسلوب التعـاون وطريقـة الترحيـب والكلـمات الافتتاحيـة وإضـفاء روح الثقـة والإطمئنـان والتفاؤل والمناقشات وفي حالة وصل الطـرفين إلى اتفاق عـلى النقـاط الإيجابيـة مـن خـلال جولات التفاوضات فإن ذلك يستوجب صياغة ما تم التوصل إليه إلى صـورة عقـد أو إتفـاق ملزم للطرفين يتم العمل به بعد التوقيع عليه أو حسب ما يتفق عليه الطرفين.

الفصل الرابع عشر : الأوجه الإستراتيجية للدفع

(الأجور والتعويضات)

- تمهيد

- أهداف المنظمات من اتباع سياسات الأجور

- الاعتبارات الرئيسية للأجور

- مراحل إعداد نظام الأجور

- الأجور المبنية على الأداء

- أنماط الأجر المرتبطة بالأداء

- عوامل نجاح سياسات الأجر المرتبطة بالأداء

الأوجه الإستراتيجية لدفع (الأجور والتعويضات)

تمهيد :

تعتبر أجور العمال إحدى أهم العوامل التي تمكن المنشآت من الجذب والاحتفاظ بفريق عمل كفء وقادر على تحقيق أهدافها , كما تعكس سياسات المنظمات في تحديد الأجور وفلسفتها في جعل مستوى الأجور منسجماً مع إمكانياتها المالية ومبادئها في تحقيق العدالة والمساواة بين العاملين, والتنافس مع المنظمات الأخرى لجذب أفضل الكفاءات.

ففي الوقت الذي تهتم فيه المنظمات بتوفير أجور تناسب العاملين لديها , إلا أن عليها تحديد المدى الذي تستطيع فيه مجاراة رغبات عامليها , لأن ذلك قد يزيد من تكلفة التشغيل , وبالتالي يخفض من أرباحها وقدرتها على المنافسة في السوق . وفي المقابل فإن اختيار المنظمة لسياسة خفض الأجور ستواجه مشاكل عديدة منها : تعذر القدرة على جذب الكفاءات من الخارج للعمل لديها , والصعوبة في المحافظة على الكفاءات الموجودة لديها , وبالتالي فقدان الخبرات والكفاءات الضرورية.

وتسعى المنظمات من وراء إتباع سياسات الأجور إلى تحقيق مايلي :

١ - الموازنة بين تكلفة الأجور المدفوعة , وتحقيق المساواة والعدالة وإرضاء رغبات وحاجات العاملين.

٢ - توفير مستويات أجور محفزة لجذب الكفاءات الخارجية والمحافظة على الكفاءات الداخلية.

٣ - ربط الأجر بالفائدة العائدة على المنظمة.

٤ - ربط الأجر بالجهد المبذول.

٥ - انسجام الأجر مع المتطلبات التشريعية الحكومية ونظام نقابات العمال.

الإعتبارات الرئيسية للأجور

هناك اختلاف بين الباحثين في تحديد أهمية الأجور , فمنهم من يعتبرها أهم الحوافز أو حتى العامل الرئيسي المحفز لزيادة الإنتاج وفق ما أورده صاحب نظرية المدرسة العلمية (فريدريك تايلور) , بينما يشدد أصحاب الأتجاهات السلوكية والعلاقات الإنسانية على الحوافز المعنوية على أنها الأكثر أهمية , كالاعتراف والتقدير ودراسة الحاجات وإشباع الرغبات واتباع أساليب ديمقراطية في التعامل والإشراف , ويمكن حصر الاعتبارات الرئيسية للأجور في عنصرين هما :

أ ـ العنصر الاقتصادي : حيث إن الأجر عامل أساسي في العمل من أجل تغطية تكاليف المعيشة مقابل الجهد الذي يقوم به العامل , بالإضافة إلى تغطية جزء من تكاليف الرفاهية , حيث أن الأجور إذا لم تشبع حاجات الموظف فلن تستطيع الإحتفاظ به.

ب ـ العنصر النفسي ـ أو المعنوي : ينظر الموظف إلى أن زيادة الراتب هو انعكاس لقيمته وأهميته وأهمية العمل الذي يقوم به , ويعتبر الزيادات التي يحصل عليها اعترافا بإنجازاته وتقديراً لجهوده . كما ينظر الموظف إلى الراتب على أنه انعكاس للنمو في الحياة الوظيفية , والصعود إلى المراتب العليا.

مراحل إعداد نظام الأجور

تمر عملية وضع الأجور بعدد من المراحل الضرورية مبينة كما يلي :

١ - تحديد الأهداف والإستراتيجيات.

٢ - مسح بيئة المنظمة (الخارجية والداخلية).

٣ - تصميم نظام الأجور.

٤ - صيانة نظام الأجور.

أولاً : تحديد الأهداف والإستراتيجيات :

تبدأ هذه المرحلة بإتخاذ الإدارة العليا قرارات رئيسية تحدد الخطوط العريضة للأهداف والسياسات العامة التي ينبغي أن يبنى عليها ذلك النظام , وعادة ما تتجه هذه السياسة إلى اتباع هيكل أجور متكافىء وعادل في الداخل وجذاب ومنافس في الخارج.

وتتطلب سياسة الأجور تحديد العلاقة بين تكلفة الأجور وبين العوامل الأخرى التي تمثل ايرادات للمنظمة مثل مستوى الإنتاجية وحجم المبيعات.

ثانياً : مسح بيئة المنظمة (الخارجية والداخلية) :

أ ـ البيئة الخارجية : وتشمل :

١ - **القيود والتشريعات الحكومية** : وذلك لتأثيرها على مستوى الأجور حسب ما هو محدد في تشريعات وأنظمة الحكومة من تحديد حد أدنى وحد أعلى للأجور.

٢ - **قوانين العمل والعمال** : تحدد قوانين العمل عادة مستويات الأجور وعدد ساعات العمل والعطل الرسمية والإجازات السنوية المدفوعة الأجر , إلى جانب الإجازات المرضية والاضطرارية المدفوعة الأجر , فضلاً عن تحديد السن القانوني للعمل.

٣ - **قوانين ضريبة الدخل** : تؤثر هذه القوانين على سياسات الأجور فمستوى الضريبة العالي يؤثر على ايرادات المنظمة وقدرة المنظمة على توفير أجور عالية تمكنها من إشباع حاجات العاملين لديها.

٤ - **سوق العمل** : في حالة وجود وفرة في سوق العمل من العاملين تتجه المنظمة إلى تخفيض الأجور , والعكس صحيح عندما يكون هناك ندرة في العاملين في السوق.

٥ - **المنافسة في السوق :** قد تختار بعض المنظمات سياسة القيادة في الأجور , وذلك بدفع أجور أعلى من تلك السائدة في السوق , خاصة للعاملين من ذوي الكفاءات العالية والمدربة لتتمكن من المنافسة في السوق.

٦ - **تكلفة المعيشة :** التضخم يؤدي إلى رفع مستوى الأسعار والخدمات , وبالتالي ارتفاع تكلفة المعيشة في البلد , وذلك يؤدي بالمنظمات إلى رفع مستوى الأجور لمواجهة التكلفة العالية للمعيشة وارتفاع الأسعار , وذلك للحفاظ على القوى الشرائية للأجر الذي يتقاضاه الموظف . وتلجأ المنظمات عادة إلى ربط هذه الزيادة بالزيادة الحاصلة بأسعار المواد الاستهلاكية الأساسية.

٧ - **القدرة المالية على الدفع :** ينبغي معرفة القدرة المالية للمنظمة على الدفع قبل تقرير سياسة الأجور فيها , من خلال تحليل مقدرتها على تحقيق الأرباح .

٨ - **ضغوط النقابات العمالية :** مستويات الأجور في المنظمات تتأثر بمدى نفوذ نقابات العمال ومدى انضمام العاملين إليها.

ب - البيئة الداخلية :

يتطلب تحليل البيئة الداخلية تقييم الوضع الحالي وتحليل وتقييم الوظائف , وتعرف عملية تقديم الوظائف بالجهد المنظم لتحديد الأهمية النسبية أو القيمة للأعمال المختلفة , وتحديد قيمة كل وظيفة مقارنة بالوظائف الأخرى.

ثالثاً : تصميم نظام الأجور :

تشمل عملية تصميم الأجور على ثلاث خطوات مبنية كالتالي :

١ - تحديد المسؤوليات وأبعاد الدراسة المسحية.

٢ - تحديد المعلومات والبيانات المطلوب جمعها.

٣ - تصميم هيكل الأجور.

١ - تحديد المسؤولية وأبعاد الدراسة المسحية

وذلك بالقيام بدراسة مسحية للوظائف المشابهة لـدى المنظمات المنافسة للتعرف على مستوى الأجور والمكافآت التي تمنحها , وقد تلجأ بعض المنظمات إلى الاستعانة بالدراسات المسحية للأجور المعدة من قبل منظمات أو جهات حكومية , أو القيام بإجراء تلك الدراسات المسحية بنفسها.

وينبغي تحديد الوظائف الرئيسية التي تعتبر ممثلة بسائر الوظائف في المنظمة , وتتوافر أمثالها لدى المنظمات الأخرى , وذلك لأغراض المقارنة , كما يفضل الحصول على الوصف الوظيفي لتلك الوظائف , كما يجب الحرص على اشتمال الوظائف على مختلف المستويات الوظيفية في المنظمة.

٢ - تحديد المعلومات والبيانات المطلوب جمعها

ينبغي تحديد المعلومات الخاصة بالأجور لمختلف الوظائف موضوع الدراسة , مثل : عدد الدرجات والفئات والحد الأدنى والأقصى- للأجر لكل درجة والعلاوات والزيادات السنوية والمكافآت والمزايا الأخرى التي توفرها المنظمات للعاملين فيها في مختلف المستويات الوظيفية.

٣ - تصميم هيكل الأجور

يتم تصميم الأجور بمقارنته مع نظام الأجور السائد لدى المنظمات الأخرى التي تم دراستها , وفي ضوء هذه الدراسة نستطيع تكوين تصور لسياسة الأجور وتحديد النظام أو الهيكل الذي يناسبها , كما تتبع المنظمات أسلوب تحديد الأجور وفقاً لفئات أو درجات معينة.

رابعاً : صيانة نظام الأجور :

إن الإبقاء على نظام الأجور عادلاً وعملياً يتطلب من إدارة الموارد البشرية القيام بما يلي :

١ - المتابعة المستمرة لأنظمة الأجور لدى المنظمات في نفس المجال , والتعرف على ما يطرأ عليها من تعديلات وتطورات لتضمن تناسب الأجور مع تلك المنظمات.

٢ - معالجة المشاكل الناجمة عن تطبيق نظام أجور جديد , والمتعلقة بالأفراد الذين سيتقاضون رواتب أقل أو أعلى من تلك التي اعتادوا عليها.

٣ - المتابعة المستمرة للوظائف داخل المنظمة لمعرفة ما يطرأ عليها من تغييرات في المهام والواجبات والمسؤوليات وإجراء اللازم لتعديل مستوى الأجور تبعاً لذلك.

٤ - المتابعة المستمرة لمستوى المعيشة في البلد لمعرفة مدى ارتفاع الأسعار أو انخفاضها ومستوى التضخم من أجل إجراء التعديلات في مستوى الأجور.

٥ - المتابعة المستمرة للتشريعات الحكومية الخاصة بالضرائب والضمان الاجتماعي والتي لها صلة بنظام الأجور.

الأجور المبنية على الأداء

هناك اعتقاد سائد لدى الباحثين بأن أسلوب الأجور التقليدي لم يعد الأسلوب الأمثل المناسب في مكافأة الموظفين , فالحاجة مأسة لإيجاد أسلوب يوفر مكافآت إضافية للعامل على الإداء المتميز الذي يتجاوز الأداء العادي , والمعايير المعتمدة لدى المنظمة للأداء , فأصبح هناك اتجاه متزايد لربط الأجور بالأداء , وهذا الإتجاه أصبح مرغوباً فيه بشدة من قبل المنظمات والأفراد معاً.

ولكي ينجح نظام الأجور لابد أن يشتمل على عدة عناصر , من بينها عنصرين تعد أكثر أهمية وهما عنصرا المشاركة والاستماع , وبقصد بالمشاركة , تقاسم المنظمة الأرباح الناتجة عن زيادة الإنتاج مع العاملين بشكل عادل , أما عنصر ـ الاستماع فيعني استعداد المنظمة للأخذ بآراء وأفكار الموظفين وإطلاعهم على أوضاعها المالية , وميزانياتها.

وهناك صعوبات نواجه تطبيق أسلوب ربط الأجر بالأداء وهي :

١ - صعوبة وضع معدلات أداء لبعض الوظائف (مثل الوظائف الإدارية والخدمية).

٢ - صعوبة قياس الأداء بشكل دقيق.

٣ - ضغوط نقابات العمال التي تفضل تطبيق مبدأ الأقدمية في منح الزيادات والمكافآت.

٤ - صعوبة تحديد الحافز الذي يقابل الزيادة في الأداء.

وبصفة عامة لاتوجد هناك طريقة مثلى لربط الأجر بالأداء إلا أن بعض الباحثين يرون ضرورة توافر شروط مسبقة لتطبيق هذا الأسلوب وهي الشروط التي توفرها الإدارة لربط الأجراء :

١ - الثقة في الإدارة : من الصعب تطبيق نظام أجور مبني على الأداء في حالة فقدان الثقة بين الموظفين وإدارة المنظمة.

٢ - غياب القيود على الأداء : نظراً لكون نظام الأجر المرتبط بالأداء يعتمد على الجهة الفردية لذلك ينبغي تصميم الأعمال بحيث تراعي القدرات الفردية.

٣ - توافر مشرفين ومدراء مدربين : ينبغي تدريب المشرفين والمدراء على وضع معايير الأداء وقياس الأداء.

٤ - **توافر أساليب قياس فاعلة :** ينبغي قياس الأداء بناء على معايير مناسبة ذات صلة بالعمل تركز على النتائج المتحققة.

٥ - **القدرة على الدفع :** لتطبيق هذا النظام لابد أن يكون لدى المنظمة قدرة عالية على الدفع.

٦ - **تحديد الفوراق بين زيادة الأجر بناء على الأداء والزيادة بناء على عوامل أخرى :** ينبغي أن تفرق المنظمة بين الزيادات التي توفرها للموظفين كالزيادة لمواجهة تكاليف المعيشة أو الزيادة على أساس الأقدمية أو الزيادة السنوية , وبين الزيادة بناء على الجدارة حتى لايفسر الموظفون الزيادة بطريقة غير صحيحة.

٧ - **إطلاع الموظفين على سياسة الأجور :** يبنغي توفر معلومات للموظفين حول كيفية تطبيق المكافأة على أساس الجدارة أو الأداء.

٨ - **توافر جدول مكافآت مرن :** وذلك لكي يتكيف مع الظروف المتغيرة , والمتغيرات التي تطرأ بين كل فترة وأخرى.

أنماط الأجر المرتبط بالأداء

هناك أنماط عديدة تستخدمها المنظمات لتعويض الموظفين بناء على كفاءتهم وأدائهم مبنية كالتالي :

١ - مكافآت الجدارة.

٢ - مكافآت فردية .

٣ - مكافآت جماعية .

٤ - مكافآت على مستوى المنظمة .

أولاً : مكافآت الجدارة :

يستخدم هذا الأسلوب على نطاق واسع في القطاع الخاص , وقد انتشر ـ حديثاً في المؤسسات التعليمية كالكليات والجامعات لمكافأة أعضاء هيئة التدريس . وهذه المكافأة تكون بزيادة سنوية على الراتب الأساسية ولكن بنسبة أعلى من الزيادات العادية المقررة , حيث يتم التمييز بين المكافآت المبنية على الجدارة والحصول عليها والزيادات السنوية المبنية على الخدمة والأقدمية.

ثانياً : المكافآت الفردية :

تهدف المكافآت الفردية إلى ربط الأجر بالأداء , وهناك شروط معينة لنجاح هذا الأسلوب وهي :

١ - قيام الموظفين بأعمال مستقلة غير متداخلة مع بعضها .

٢ - عدم وجود ضرورة للتعاون المباشر في أداء الأعمال .

٣ - توافر إمكانية لقياس العمل الفردي بوضوح .

٤ - اعتماد المنظمة نظام الأجر المرتبط بالأداء كسياسة إستراتيجية في مكافأة الموظفين.

ويشمل نظام المكافآت الفردية ما يلي :

أ - الأجر بالقطعة : حيث يتلقى أجراً على القطعة المنتجة , ويزيد الأجر بزيادة الإنتاج من القطع .

ب ـ الأجر بالساعة : يتم اعتماد وحدة الزمن لإنتاج القطعة .

جـ ـ العمولة : يطبق هذا الأسلوب على نطاق أوسع على مندوبي المبيعات , بحيث يتم احتساب الأجر كنسبة مئوية من قيمة المبيعات الإجمالية.

ثالثاً : المكافآت الجماعية :

تتبع المنظمات هذا الأسلوب وفقاً للمبررات التالية :

١ - نمو المنظمات وتعقيد أعمالها .

٢ - الحاجة إلى تشجيع العمل الجماعي , حيث الاعتمادية تصبح ضرورية في أداء الأعمال خاصة الأعمال الخدمية .

٣ - عندما يصبح من الصعب تحديد من المسؤول عن مستويات مختلفة من الأداء .

٤ - عندما يصبح توجه المنظمات إلى تشجيع العمل الجماعي .

٥ - عندما يتعذر على العاملين أداء أكثر مما هو محدد لهم .

٦ - عندما تتضخم الأعمال وتتعقد , ويصبح الجهد الفردي غير قابل للقياس أو غير واضح المعالم .

رابعاً : المكافآت على مستوى المنظمة :

يقصد بالحوافز على مستوى المنظمة , تلك المكافآت التي تمنح للموظفين والمبنية على مستوى الأداء شكلي للمنظمة خلال العام.

وتشمل الحوافز على مستوى المنظمة ما يلي :

١ - خطط المشاركة في الأرباح :

يقصد بأسلوب المشاركة في الأرباح قيام المنظمة بتوزيع جزء من أرباحها على موظفيها على أن يتم تحديد هذا الجزء أو النسبة من الأرباح في نهاية كل عام مالي.

٢ - المكافآت :

تعتبر المكافآت بمثابة تعويضات تصرف للموظفين كمكافأة لهم على أدائهم , وقد تدفع إما نقداً أو تأخذ شكل الخطط المؤجلة , وتحسب على أساس نسبة مئوية من الراتب الأساسي بعد حصر وتحديد أرباح المنظمة .

٣ - امتلاك الموظفين لأسهم المنظمة :

هذا الأسلوب يتيح الفرصة للموظفين بامتلاك بعض أسهم المنظمة , ولهذا الأسلوب فوائه عديدة للمنظمة كزيادة انتماء والتزام الموظفين بأهداف وخطط المنظمة .

عوامل نجاح سياسات الأجر المرتبط بالأداء

هناك بعض الشروط أو المعايير المطلوب توافرها في سياسات ربط الأجر بالأداء مبينة كالتالي :

١ - ضرورة وجود الثقة بين الموظفين والإدارة .

٢ - ضرورة ربط المكافأة بالسلوك المطلوب ومعايير الأداء المعتمدة.

٣ - مشاركة الرئيس والمرؤوسين في وضع نظام الحوافز , حيث سيكون لدى الموظفين قناعة بأن جهدهم الزائد سيقابله تقدير ومكافأة مناسبة.

٤ - تطبيق معايير أداء واقعية وواضحة ومفهومة للعاملين .

٥ - ضرورة فصل الراتب الأساسي عن الحوافز , إيضاح الفرق بين الأداء العادي والأداء المرتفع بحيث يركز الموظف على زيادة الجهد للحصول على الحوافز , كما هو الحال بالنسبة لمندوبي المبيعات.

٦ - يجب أن ينسجم نظام الحوافز مع إمكانيات المنظمة .

٧ - يجب أن يتسم نظام الحوافز بالمرونة وقابلا للتغيير وفق ظروف المنظمة.

٨ - ضرورة إجراء مراجعة دورية لمعايير الأداء في سبيل رفعها أو خفضها بما يتماشى وطبيعة الأعمال وأهداف المنظمة.

٩ - ينبغي تحديد الإجراءات المتعلقة بالتقييم والقياس والعد وتسجيل مستويات الأداء .

١٠- ينبغي أن يتسم نظام الحوافز بالشمول , حيث ينبغي أن يشمل كافة الأعمال التي بالإمكان إخضاعها للقياس ولنظام الحوافز المبني على الأداء.

الفصل الخامس عشر : عقود التوظيف

المتعاقدين والمستشارين

- تمهيد

- أنواع عقود العمل

عقود التوظيف , المتعاقدين والمستشارين

Contracts of Employment, Contractors and Consultants

تمهيد :

بالرغم من أن العقود الحالية قد تحولت إلى عقود إنجاز Contract for Performance إلا أن اللقب الرسمي لها مازال عقود توظيف , وفي الوقت الحاضر أصبح هنالك تحول من الموظفين الدائمين إلى الموظفين غير الدائمين (المؤقتين) , حيث أصبح هنالك أشكال مختلفة من عقود التوظيف , خدمات استشارية consultants وعقود فرعية subcontractors .

لقد تطورت أنواع عقود العمل وفيما يلي عرض لهذه الأنواع :

أولاً : أسابيع العمل العادية (Normal Working) الطلب على العمالة

فقد كانت ساعات العمل في بريطانيا لعام ١٨٥٠ هي ٦٠ ساعة مقسمة على ستة أيام وقد انخفضت ساعات العمل إلى ٣٨ ساعة في الأسبوع, وجاء هذا الإنخفاض في ظل ظروف الإقتصادية الجيدة والطلب على العمالة , كذلك ضغط إتحاد النقابات , حيث أن هذه الإتحادات تعمل جاهدة على تقليل ساعات العمل دون أن يكون هنالك أي إنخفاض في الرواتب أو تأثير على الإنتاجية.

ثانياً : نظام ورديات العمل (Shift Working)

ويستخدم في المصانع , وهذا النظام ليس بالنظام الحديث فقد بدأ منذ عام ١٦٩٤ في صناعة الزجاج . هنالك أشكال مختلفة من ورديات العمل منها ما يسبب مشاكل ومنها ما يشكل فرص وهي :

١ - ورديات جزئية (The part-timer shift) : مجموعة من الموظفين يقوموا بالعمل في المنظمة بساعات عمل يومية قليلة في بداية أو

نهاية ساعات العمل العادية , حيث يكون صاحب العمل في حاجة إلى موظفين غير مدربين للقيام بأعمال لفترات قليلة.

٢ - ورديات دائمة ليلية (The permanent night shift) : هم موظفون دائمون ليس لديهم أي اتصال مع بقية أعضاء المنظمة (الذين يغادرون المنظمة قبل حضورهم ويحضرون بعد مغادرتهم للمنظمة) . هذا النوع يعتبر فعال في بعض الوظائف فمثلا القيام بأعمال الصيانة ليلا بحيث لايؤثر ذلك على عملية الإنتاج . لكن من سلبيات هذا النوع أن العاملين الليليين بعيدون عن نشاطات المنظمة , كذلك هنالك صعوبة في تزويدهم بالخدمات.

٣ - ورديات النهار والليل المتبادلة (Alternative day and night shifts) : إذا كان العمل الليلي من أجل زيادة الإنتاج وليس من أجل الصيانة أو التنظيف ففي هذه الحالة يمكن استخدام ورديات الليل والنهار المتبادلة.

٤ - ورديات اليومية المزدوجة (Double-day shifts) : هذا النوع غير مألوف حيث يتم العمل من الساعة ٦-٢ , ٢-١٠ (أي ١٦ ساعة) من مشاكل هذا النوع صعوبة المواصلات في الصباح الباكر وأوقات تناول الطعام غير مناسبة.

٥ - ورديات العمل الثلاثية (Three-shift working) : وهو أكثر انتشارا حيث يتم العمل من الساعة ٦-٢ , ٢-١٠ ومن ١٠-٦ وبالتالي يتم تغطية ٢٤ ساعة (عملية مستمرة) . ومن سلبياته أنه يؤثر على الحياة الاجتماعية.

ثالثاً : عقود العمل الجزئية (Part-time working)

فقد كانت في البداية نادرة وقليلة من سلبياتها , أجور قليلة , قلة أو عدم وجود أمان وظيفي وعدم شمولهم في كثير من المنافع مثل الأجازات

المرضية المدفوعة ومعاش التقاعد. لكن مثل هذه العقود أصبحت تـزداد بشـكل كبـير في السنوات الأخيرة , ففي الوقت الحاضر تصنيف بريطانيا العاملين أقـل مـن سـاعات العمل العادية بالعاملين الجزئيين فقد تتراوح ساعات العمل ما بين ٦-٣٥ ساعة . معظم العـاملين بمثل هذه العقود هم نساء وذلك لوجود مسؤوليات أخرى لديهم . يتم إستخدام مثل هذه العقود في حالة الأعمال التي تتطلب ساعات عمل أطول مـن سـاعات العمل العاديـة للموظفين الدائمين.

رابعاً : ساعات العمل المرنة (Flexible working hours)

لقد بدأ الاهتمام بهذا النوع في الثمانينات من القرن العشرـين بشـكل واسـع وذلـك من أجل تحقيق مرونة للمنظمات كذلك لتحقيق رقابة إدارية أفضل عـلى المـوظفين . فقـد تم إهمال ساعات العمل المحددة , وأصبح يعمل أوقات متنوعة في الأيام المختلفة . وتشمل هذه العقود :

١ - عقـود سـاعات العمـل السـنوية (Annuasl hours contracts) وهـو شـكل حديث يعطي فرصة لتقليل التكاليف وتحسين الانجـاز , حيـث يـتم تحديـد عـدد سـاعات العمل في السنة حسب احتياجات وأولويات صاحب العمل , فعقود العمل بالساعات يمكن تحويلها إلى عقود عمل سنوية.

٢ - عقود العمل ذات الساعات الصفرية (Zero hours contract) من أكثر أنواع عقود العمل الجزئية الغير مرغوبة به , فلا يوجد سـاعات عمـل مضـمونة للموظـف حيـث يطلب الموظف عند الحاجة له.

٣ - ضغط سـاعات العمـل (Compressed hours) وهـي طريقـة لتقليـل أسـابيع العمل عن طريق زيادة ساعات العمـل اليوميـة , هـذا يعنـي القيام بـنفس عـدد سـاعات العمل لكن بعدد أيام أقل , كما يمكن ضغط ساعات العمل اليومية بتقليل مدة فترة الغذاء.

خامساً : عقود العمل المؤقتة (Temporary contracts)

معظم العقود الحالية هي عقود مؤقتة , ويختـار أصحـاب العمل هـذا النـوع مـن العقود لأنها تعطي مرونة لمواجهة عدم التأكد . كما أن أصحاب العمل يفضلون مثل هـذه العقود وذلك من أجل تجربة الموظف دون أن يكون هنالك أي التزام , حيث تكون الأشهر الأولى هي فترة تجربة , كـما تتيـح درجـة مـن الرقابـة عـلى العـاملين , السـبب الرئيسيـ في توظيف الموظفين المؤقتين هو وجود التحفيز من أجل أن يصبحوا مـوظفين دائمـين . كـما أن العاملين المؤقتين يشعرون بالتهديـد مـن خسـارة العمـل . يعتـبر المـوظفين المـؤقتين لـديهم مستوى منخفض من الحقوق حيث لا يتمتعوا بنفس الحقوق كالموظفين الدائمـين من حيـث الأجازات المرضية والعطل.

سادساً : مسافات العمل والعقود الفرعية

(Distanc working and Subcontracting)

نتيجة حاجة أصحاب العمل إلى مرونة أكبر فأصبح هنالك توجـه نحـو طـرق عمـل جديدة بحيث لاتشمل الموظفين الدائمين.

فالعاملين عبر المحيطات والعاملين من منازلهم هي من أنواع مسافات العمل , بينما الموظفين بـالدوام الجـزئي (part-time) , المـوظفين المـؤقتين (temporary) وعقـود العمـل القصيرة (short-term) هي من العقود الفرعية والإستشارية.

وقد حدد روشويل عدد أمور متعلقة بتوظيف العاملين على مسـافات Distance) (workers وهي :

ـ الحصول على الموظفين المناسبين.

ـ تحديد مواصفات العمل والاختيار .

ـ الاتصال والرقابة , أتصالات مع الأشخاص للعمل/اتصالات توضح إنجازاً فعلاً.

ـ الأجور والإنجاز .

سابعاً : عقود التوظيف (The contract of employment)

كما نعلم أن العقود هي التي تربط ما بين أصحاب العمل والموظفين , لكن هنالك أنواع أخرى من العقود التي يتم بين مؤسسات التوظيف والموظفين بحيث يكونوا تابعين لمؤسسات التوظيف وليس للمنظمة وهذه العقود تأخذ الأشكال التالية :-

١ - دائمين (Permanent) : لايوجد مدة لانتهاء العقد .

٢ - محدود المدة (Fixed-term) : حيث يكون هنالك تاريخ محدد لبداية عقد العمل وتاريخ محدد لنهاية العقد.

٣ - مؤقتة (Temporary) : وهي عقود لمدة محدودة ويكون تاريخ انتهاء العمل غير محدد . وهذا النوع من العقود يستخدم للقيام بمهمة معينة حيث أن عقد العمل ينتهي بانتهاء المهمة.

عقود التوظيف تحتوي على المعلومات التالية :-

اسم صاحب العمل , اسم الموظف , تاريخ التوظيف , المسمى الوظيفي , الراتب , ساعات العمل , الأجازات السنوية , والأجازات المرضية , الأمور المتعلقة بالتقاعد والضمان الاجتماعي , تحديد مدة إنهاء العمل من كلا الطرفين , القوانين التأديبية , التعامل مع شكاوى الموظفين وشروط عضوية الموظفين بالإتحادات التجارية.

ثامناً : توظيف مستشارين (Employing consultants)

بعض الأنشطة أو الوظائف تتم مـن قبـل مستشارين , حيـث هنالك ايجابيـات وسلبيات للمستشارين الخارجين .

الجوانب الإيجابية :

١ - هنالك تقبل أكبر لمقترحات المستشارين الخارجين .

٢ - المستشار يستطيع رؤية الأمور بشكل أفضل من مدير شؤون الموظفين.

٣ - الحاجة إلى الخبرة والتخصص المتوفرة لدى المستشار الخارجي .

٤ - مدير شؤون الموظفين قد لايكون لديه وقت كاف للقيـام في بعـض الأمـور فيـتم إستخدام المستشارين الدائمين.

٥ - المستشار مستقل .

٦ - إن إستخدام مستشـارين قـد يكونـوا أقـل تكلفـة مـن توظيـف شـخص دائـم متخصص .

أما بالنسبة للجوانب السلبية :-

١ - وظيفة شؤون الموظفين يجب أن تشمل كل الخبرة الضرورية .

٢ - الموظف المتخصص بشؤون الموظفين الداخلي لديه معرفة أكبر في المنظمة .

٣ - أعضاء المنظمة يتعاملوا بإجحاف أو تحيز ضد المستشار الخارجي .

٤ - إن الإستعانة بالمستشارين يهدد الموظف المتخصص في شـؤون المـوظفين ويقلل من تأثيره .

ومن أجل تحديد الحاجة إلى مستشارين خارجين للقيام بالمهام يمكن إتباع الخطوات التالية :-

١ - تشخيص المشكلة : تشخيص المشكلة هـو الـذي يحـدد الحاجـة إلى الاستشـارة الخارجية فمثلا استقالة مدير التسويق فجأة , يكون الحل لهذه المشكلة هو توظيف شخص آخر , ولكـن المشكلـة الحقيقـة والتـي تحتـاج إلى استشـارة هـي السبب الـذي دعـا مـدير التسويق إلى الاستقالة.

٢ - تحديد مدخل المشكلة : الخطوة الثانية هي الإجابة على المشكلة , فـإذا تـوفرت الإجابة فلا حاجة إلى نصيحة أما إذا لم تتوفر فلا بد من اللجوء إلى المستشارين.

٣ - محاولة حل المشكلة داخليا : حيث يتم تحديـد إمكانيـة معالجـة المشكلة داخليا بإستخدام المصادر المتوفرة , وما هي التكلفة وكم سيستغرق من الوقت لحل المشكلة , وهنـا تأتي أهمية المستشارين الخارجين في هذه المرحلة بسبب قـدرتهم عـلى اقـتراح أسـئلة لم تطـرح ناتجة عن الخبرة الواسعة للمستشارين .

٤ - إيجاد كيفية حل المشكلة بواسطة المستشارين : فالأسئلة الأساسية التي لابد من طرحها على المستشار هو كيفية حل المشكلة , ما هي التكلفة وكـم سيسـتغرق مـن الوقت لحلها .

٥ - الإختيار بين البدائل : حيث يتم الإختيار بين البدائل عن طريق مقارنة التكاليف , الوقت , النتائج وطريقة التنفيذ .

الفصل السادس عشر : الاستقطاب

- تمهيد

- الإستراتيجيات الأساسية لاستقطاب الموظفين

الاستقطاب Recruitment

تمهيد :

يعتبر الاستقطاب ركـــن مـــن أركـان التوظيـف Staffing الثلاثـة (الاستقطاب Recruitment الاختيـار Selection والتعيـــين Placement) (الهيتـــي , ١٩٩٩) . فعمليـة الاستقطاب هي المرحلة الأولى في عملية إشغال وظيفة معينة , حيث تشمل تحديد الوظيفة الشاغرة وأخذ بعين الاعتبار المصادر للحصول على الأفراد المؤهلين والاتصال بهـم (Graham, ١٩٧٤).

ويمكن تعريف الاستقطاب على أنه "مجموعـة نشاطات المنظمة الخاصة بالبحث وجذب مرشحين لسد الشواغر الوظيفية فيها وذلك بالعدد والنوعية المطلوبـة والمرغوبـة في الوقت المناسب" (الهيتي , ١٩٩٩).

هنالك عدة إستراتيجيات لاستقطاب الموظفين :

مـــن تحديـد الوظائف الشـاغرة , طرق الاستقطاب المختلفـة , الوثائـق المتعلقـة بالوظيفة , المراسلات , مراقبة وتقييم الاستقطاب , وعمل قائمة مختصرة بالمرشحين , ويتم التفصيل منها كما يلي :-

١ - تحديد الوظائف الشاغرة

الأسئلة التي تطرح في حالة الاستقطاب هي :

- هل هنالك وظائف شاغرة ؟

- هل هنالك حاجة لتعيين موظفين جدد ؟

فوجود وظيفة شاغرة يكون عادة ناتج عن ترك أحد الموظفين لعمله أو نتيجة القيام بتوسع في المنظمة , وفي هذه الحالة يتم استقطاب موظفين جدد أو ممكن استخدام إحدى الطرق التالية :

إعادة تنظيم العمل , العمل بساعات إضافية , تحويل الوظيفة إلى عمل جزئي أو عمل فرعي أو توظيف عن طريق مؤسسات التوظيف . أما في حالة أتخاذ قرار أنه لابد من استقطاب موظف جديد فانه لابد من طرح الأسئلة التالية :

١ - ما هي محتويات الوظيفة؟

٢ - ما هو الاختلاف عن العمل السابق؟

٣ - ما هي مواصفات الوظيفة والتي تحدد نوع المرشح للمنصب؟

٤ - ما هي الأمور الأساسية التي لابد للمرشح لهذا المنصب أن يعرفها قبل الموافقة على حصوله على هذه الوظيفة؟

أي بمعنى آخر لابد من تحديد وصف وظيفي للعمل وتحديد مواصفات الشخصية.

٢ - طرق الاستقطاب

عند إتخاذ قرار بتعيين موظف لابد من لأخذ بعين الاعتبار التكلفة كذلك طريقة الاستقطاب , حيث أنه هنالك عدة طرق لاستقطاب الموظفين ومن هذه الطرق :-

١ - مراكز الوظائف Job Cenres

من مميزات الاستقطاب بهذه الطريقة الحصول على الطلبات بسرعة , لكن معظم المتقدمين هم من الأشخاص غير العاملين , وليس من الأشخاص الذين يعملون ويرغبون بتغير وظائفهم.

٢ - مراكز ومكاتب التوظيف

يتم الاستعانة بمكاتب التوظيف للإعلان عن الوظائف الشاغرة , وتميل هذه المكاتب إلى التخصص في نوع واحد من العمالة مثل أعمال

السكرتارية أو المحاسبين مثلا . لكن الاستقطاب بهذه الطريقة يؤمن وظائف لفترات قصيرة وعدم وجود ثقة من قبل أصحاب العمل .

٣ - مستشارو الاختيار Management Selection Consultants

من مزايا هذه الطريقة الاستفادة من خبرة المستشارين , لكن طلبات التوظيف الداخلية ممكن أن يتم استبعادها , كما تعتبر هذه الطريقة مكلفة.

٤ - مستشارو البحث عن الموظفين التنفيذيين Executive Search Consultants

يتناسب هذا الأسلوب بصورة أكبر مع الوظائف الإدارية العليا عندما يكون للمؤسسة متطلبات محددة (كشواي , ١٩٩٩) . تعتبر هذه الطريقة جيدة إذا كان صاحب العمل ليس لديه خبرة سابقة في مجال التخصص , لكن قد يتم استبعاد الأشخاص الخارجين المتقدمين للوظيفة.

٥ - زيارة الجامعات Visiting Universities

وهي مصدر رئيسي للخريجين الجدد .

٦ - الخدمات المهنية والمدارس Schools & the Careers Services

حيث تقوم بتزويد الطلبات المرغوب بها سنويا وبشكل منتظم وتناسب الأشخاص الذين يتركون المدارس , فالاهتمام بالمهنة أو العمل .

٧ - الإنترنت (كشواي , ١٩٩٩) Internet

فقد جعلت التطورات السريعة في مجال تكنولوجيا المعلومات من الممكن الإتصال بالأشخاص في أي مكان من العالم من خلال شبكة الانترنت وبتكلفة قليلة , وإمكانية الإتصال بمجموعات أكبر من الأشخاص الذين يتمتعون بقدر كبير ومتنوع من المهارات والخبرة.

٨ - الاستقطاب عن طريق الإعلان Recruitment Advertising

كثير من أصحاب العمل يستخدموا المؤسسات الإعلانية من أجل الإعلان عن الوظائف الشاغرة حيث تقوم هذه المؤسسات بتجهيز نص الإعلان كما يتم إستخدام وسائل الإعلان المناسبة , وهنالك عدة طرق للإعلان :-

أ ـ الإعلان الداخلي Internal Advertisement :

حيث يعطي فرصة للموظفين العاملين في المنظمة ويقلل من التكلفة ويزيد من سرعة التوظيف . تعتبر هذه الطريقة غير عادلة , كما أنه من الممكن أن لايكون المتقدمين للوظيفة بكفاءة الأشخاص خارج المنظمة .

ب ـ قائمة الوظائف خارج حدود المنظمة Vacancy lists outside premises :

وهي طريقة إقتصادية للإعلان , ولكن عدد قليل من الناس يمكن أن يروا هذه الإعلانات .

ج ـ الإعلان في الجرائد الوطنية Advertising in the National Press :

حيث يصل الإعلان إلى عدد كبير من الناس , ولكنها مكلفة , وقد يتم إضاعة الوقت في الحصول على أشخاص غير مناسبين .

د ـ الإعلان في الجرائد المحلية Advertising in the Local Press :

معظم الاستقطاب عن طريق الإعلان يتم قراءته من قبل الأشخاص الذين يبحثون عن وظائف محلية حيث يقلل من إضاعة الوقت . لكن الجرائد المحلية قد لا تستعمل من قبل الأشخاص المهنيين والفنيين الراغبين في العمل.

هـ ـ الإعلان في الجرائد الفنية (المهنية) Advertising in the Technical Press :

من مميزاتها أنها تصل إلى الأشخاص المتخصصين وتقلل من إضاعة الوقت , لكنها غير مناسبة في حالة الحاجة إلى أشخاص غير المتخصصين .

كما نجد في بعض الكتب تصنيفات أخرى لطرق الاستقطاب , فمثلا (حسن , ١٩٩٨) قامت بتصنيف طرق الاستقطاب إلى مايلي :-

١ - طرق رسمية : كالإعلان عن الوظيفة في لوحة إعلانات المنظمة , الإعلان في الجرائد , التعيين من خلال الجامعات أو من خلال مؤسسات التوظيف.

٢ - طرق غير رسمية : عند استخدام الموظفين كمصدر يمكن الرجوع إليه لاستقطاب الأفراد , أو عندما يتقدم فرد ما للمنظمة بتقديم طلب توظيف أو السؤال عن وجود وظائف شاغرة .

وسائل الإعلان :

تقوم المؤسسات الإعلانية بتقديم النصيحة لاستخدام الوسائل المناسبة للإعلان (من حيث الطريقة المناسبة للإعلان , كذلك المساحة المناسبة).

كتابة الإعلان :

إن إتخاذ القرار في تحديد ماذا يجب أن يحتوي عليه الإعلان هي من الأمور المهمة وذلك بسبب ارتفاع تكلفة الإعلان والحاجة إلى جذب إنتباه القارئين مما يؤدي ذلك إلى تقليل عدد الكلمات.

ومن الأمور التي يجب أن تتواجد في الإعلان هي :-

١ - اسم وتفاصيل مختصرة عن المنظمة : نجد أنه في بعض الأحيان لايتم ذكر اسم المنظمة حيث يتم إعطاء بعض التفصيلات عن المنظمة , والأفضل أن يتم معرفة ما هي المنظمة.

٢ - نوع وواجبات العمل : الشخص الذي يتقدم للوظيفة لابد من أن يعرف ما هو العمل , فالمسمى الوظيفي يعطي فكرة عن طبيعة العمل ولكن لا يفي بالغرض لذلك لابد من وضع بعض المهام والواجبات بشكل تفصيلي.

٣ - النقاط الأساسية في المواصفات الشخصية : لابد من تحديد المؤهلات والخبرات المحددة المطلوبة من الشخص المتقدم للوظيفة.

٤ - الراتب : بعض المنظمات تقوم بتحديد الراتب في الإعلان وبعضها لا يحدد .

٥ - ماذا سيتم فعله : وأخيرا الإعلان يوضح ماذا سيفعل الشخص المتقدم للوظيفة , وهذه تختلف حسب طبيعة الوظيفة ففي حالة الوظائف العادية يطلب من المتقدمين للوظيفة مراجعة قسم إدارة الموارد البشرية , أما في حالة الوظائف الإدارية فيطلب من المتقدمين للوظيفة تقديم طلب خطي.

الرقابة على الإعلان :

على مدير شؤون الموظفين مراقبة وضبط فاعلية الإعلان كذلك طرق الاستقطاب المختلفة وآخذين بعين الإعتبار الأمور التالية :-

١ - التأكيد على إعطاء قيمة للجوانب المالية .

٢ - التأكيد على أن تجمع طلبات التوظيف وذلك بإستخدام طرق الاستقطاب المناسبة.

(لابد من مراقبة وضبط الأمور المتعلقة بطلبات التوظيف المرسلة , طلبات التوظيف التي تم إعادتها , الطرق التي تم الاعتماد عليها في الاختيار وغيرها).

٣ - الوثائق المتعلقة بالوظيفة :
تعتبر هذه الوثائق وسيلة للتأكد فيما إذا كان العمل يناسب الشخص المتقدم للوظيفة , وتشمل هذه الوثائق مايلي : -

١ - الوصف الوظيفي .
٢ - الإعـــلان.
٣ - كتيب عن المنظمة .

٤ - المراسـلات :

حيث لابد مـن اضطلاع الأشخاص المتقدمين للوظيفـة بالمرحلـة التي وصلت لها طلباتهم واضطلاعهم على النتائج . ففي بعض الأحيان نجد أن المنظمات ترسل كتاب اعتذار أو قد تقوم بتقديم بعض المقترحـات مـثلا أن يـتم تقديم طلـب آخـر بعـد سـتة أشـهر أو إمكانية إستخدام هذا الطلب لوظيفة أخرى في المنظمة .

٥ - معلومات متفرقة :

من الأمور المهمة في عملية التوظيف هي قوانين العمل , الشروط العامة للتوظيف , التقرير السنوي وغيرها .

٦ - مراقبة وتقييم الاستقطاب :

لابد من تقييم مدى فاعلية الاستقطاب من حيث التكلفة , إستهلاك الوقت وإتباع الخطوات القانونية .

٧ - عمل قائمة مختصرة بالمرشحين :

إن عمل قائمة بالمرشحين للوظيفة قد تكون صعبة بسبب وجود عـدد كبيـر أو عـدد قليل من الطلبات . النقطة الأساسية عند تقديم الطلب هي مطابقة المواصفات الشخصية مع شروط الوظيفة الموجودة في الإعلان . ففي حالة وجود عدد كبير مـن الطلبات كـان في السابق يتم غربلة هذه الطلبات واستبعاد الطلبات التي لاينطبق عليها الشروط ولكـن في الوقت الحاضر أصبح السؤال كيفية أتخاذ القرار لتحديد الطلبات التي يجب الموافقة عليها . أما بالنسبة لخطوات اختيار الطلبات فهي كالآتي :-

الخطوة الأول : يضع أعضاء هيئة المحلفين قاعدة أساسية يعتمـدوا عليهـا مـن أجـل إضافة الطلبات إلى قائمة المرشحين .

الخطوة الثانية : يتم التركيز على الطلبات المراد إضافتها على القائمة.

الخطوة الثالثة : إذا تم تنفيذ الخطوتين السابقتين بشكل صحيح فيتم عمل قائمة بأسماء المرشحين لإجراء مقابلة معهم , أما إذا كان هنالك عدم وضوح لابد من القيام بالخطوة التي تليها .

الخطوة الرابعة : يقوم أعضاء هيئة المحلفين بدراسة الطلبات التي تم تفضيلها من قبل بعض أعضاء الهيئة من أجل التوصل إلى أتفاق .

الخطوة الخامسة : يتم عمل قائمة نهائية عن طريق النقاش .

أما بالنسبة (Singer, ١٩٧٢) فقسم عملية الاختيار والاستقطاب إلى مايلي :-

- عملية الإختيار

١ - إتخاذ القرار أن هذه الوظيفة لابد من إشغالها .

٢ - مواصفات العمل .

٣ - مواصفات الموظف .

٤ - جذب المرشحين للوظيفة .

٥ - غربلة الطلبات .

٦ - قائمة مختصرة أولية بالمرشحين .

٧ - الإختيار النهائي .

٨ - عرض العمل .

- عملية ما بعد التوظيف :

٩ - تقليد المنصب .

١٠ - مراجعة العملية .

١١ - تقييم الإنجاز .

١٢ - تعديل العملية .

الفصل السابع عشر : رواتب التقاعد والدفع في حالة الأجازات المرضية

- تمهيد

- تعريف النظام التقاعدي

- زيادة الوعي حول برامج التقاعد

- أنواع برامج التقاعد

- الإختلافات في برامج التقاعد للشركات

- معلومات عن التقاعد ودور دائرة شؤون الموظفين

- الإجازة المرضية مدفوعة الأجر ودور دائرة شؤون الموظفين

- فترة استحقاق الإجازة المرضية

- برامج تمويل صندوق التقاعد

رواتب التقاعد والدفع في حالة الإجازات المرضية :

تمهيد :

أسهمت التطورات الاقتصادية والاجتماعية والسياسية التي تمخض عنها القرن التاسع عشر والقرن العشرين في ظهور فلسفة الضمان الاجتماعي بوجه عام وفي تبلور نظام التقاعد بوجه خاص .

ويقصد بالنظام التقاعدي تلك العلاقة القانونية التي تربط الدولة بموظف الخدمة المدنية الذي تنتهي علاقته الوظيفية بعد أن يكمل في خدمتها عدد محدد من السنين أو حين يصل إلى السن المقررة للتقاعد , وتعطي هذه العلاقة الجديدة حقوقاً مادية ومعنوية للموظفين المتقاعدين تضمن لهم حياة ملائمة وتكفل سد احتياجاتهم المعيشية خلال سنوات العجز والشيخوخة بعد أن أفنوا سنوات شبابهم في خدمة الصالح العام .

كما أن موضوع الدفع في الأجازة المرضية جذب إهتمام الكثير حيث نشأ بشكل قانوني عام ١٩٨٦م وتم وضع الخطط لها وتمت مراجعتها عام ١٩٩١م و١٩٩٤ , ١٩٩٥م وفي كل مرة يتم وضع العبء المالي الأكبر للدفع في حالة المرض على صاحب العمل .

وسوف نتناول في هذا الفصل جزئين رئيسيين :-

الأول : نناقش الأسباب الخاصة بزيادة الوعي حول نظام التقاعد لمختلف التصنيفات والمعلومات عن نظام التقاعد , إضافة إلى دائرة شؤون الموظفين في عملية ترتيب نظام التقاعد .

أما الجزء الثاني : فسوف نناقش دور إدارة شؤون الموظفين في تحديد الإجازات المرضية المدفوعة الأجر , ومراقبة وضبط الإجازة المرضية والغياب عن العمل .

زيادة الوعي حول برامج التقاعد :

ازداد الوعي حول برامج التقاعد وتم النظر إليها على أنها (أجور مؤجله) أكثر منها مكافئة تمتد لنهاية الحياة , لذلك فقد جذب موضوع التقاعد إهتمام الكثير من الموظفين والاتحادات العمالية , وموضوع التقاعد موضوع قابل للتغير من وقت لآخر وذلك تبعاً للأنظمة التي تضعها الدولة . ومنذ ظهور أول نظام للتقاعد تغيرت طبيعة العمل بشكل متزايد حيث تم التحول من السعي وراء وظيفة لدى الحياة مع صاحب عمل واحد إلى عدد من الوظائف المتغيرة . حيث يستطيع الموظف الشاب أن يغير وظيفته لاي سبب , كما أن صاحب العمل يستطيع أن يستغني عن العمالة الزائدة , لذلك ظهرت الحاجة إلى وضع خطط لتنظيم برامج التقاعد لتحافظ على مكتسبات كل من الموظف وصاحب العمل .

كما ازدادت أهمية التقاعد المبكر الاختياري للاستفادة من التقاعد في سن مبكرة ولعمل أشياء أخرى لم يكن لدى الموظف وقت من قبل لعملها , وبهذا فإن الموظفون يتوقعون المزيد من المعلومات بخصوص الخطط والبرامج عن رواتب تقاعدهم والفوائد التي سوف يكونا مؤهلين لها .

أنواع برامج التقاعد :

هناك أربع أنواع من برامج التقاعد وهي :

- برامج تقاعد الدولة .
- برامج تقاعد الشركات .
- برامج تقاعد المنشأت الصناعية .
- برامج التقاعد الفردي / شخصي .

التفاصيل كما يلي :-

أولاً : برامج تقاعد الدولة :

إن كل موظف يشارك في برامج التقاعد يتم اقتطاع مبلغ معين من راتبه بحيث يحصل على راتب تقاعدي عند بلوغه سنة الخامسة والستين (٦٥) من العمر بالنسبة للرجال والستين (٦٠) من العمر بالنسبة للنساء , وبحلول عام ٢٠٢٠م سوف يكون العمر التقاعدي لكل من الذكور والإناث ٦٥ سنة وقبل عشر سنوات من ذلك التاريخ سوف يتم التحول التدريجي لذلك.

ثانياً : برامج تقاعد الشركات :

هناك عدد من المميزات بالنسبة لتقاعد الشركات من حيث برامجها التقاعدية وقد أعطى ناش NASH ١٩٨٩م وصف عن كيفية تعين الشركة لموظفيها وآلية وضعها لقانون التقاعد والذي هو حافز للشركة للاحتفاظ بموظفيها ذوي الكفاءات والمخلصين , وأيضاً آلية إدارة التقاعد المبكر والتخلص من العمالة الزائدة.

وعادة يشترك الموظف بتمويل برامج التقاعدية بنسبة ٦% من راتبه ونفس النسبة يشارك بها صاحب العمل , وأحياناً بعض الشركات الكبيرة تمنح الموظف تقاعد بدون أن يشارك فيه الموظف بأي نسبة.

وتقوم الشركات باستغلال أموال التقاعد واستثمارها بشراء العقارات والرهن والقيام بكافة الاستثمارات التجارية.

ثالثاً : البرامج الموسعة في تقاعد المصانع :

أحياناً يشارك كل من الموظف وصاحب العمل في تنظيم برامج التقاعد الشاملة وخصوصاً برامج تقاعد المصانع لان برامج تقاعد المصانع مشابهة لبرامج الشركات.

رابعاً : التقاعد الشخصي/ الفردي :

لقد زاد الأهتمام بالتقاعد الشخصي من خلال الأشخاص الذين يرغبون برسم معـالم مستقبلهم التقاعدي التي تقوم بها شركات التأمين حيث يدفع الشخص المعني مبلغ معين من المال بشكل منتظم لشركة التأمين.

الاختلافات في برامج التقاعد الشركات :

هناك عدد من المتغيرات في برامج التقاعد للشركات أهمها البرامج التي بموجبها يقتطع نسبة من الراتب الموظف ولكن هناك برامج أخرى من التقاعد وهي كما يلي :

أ - برامج مبلغ التقاعد المقطوع :

تأخذ في الاعتبار طول فترة الخدمة للموظف ولكن لاتأخذ في حسبانها قيمـة راتبـه الذي يتقاضاه قبل التقاعد حيث يدفع الموظف مبلغ مـن المال سنوياً حتـى يغطي قيمـة تقاعده للمستقبل.

ب ـ برامج متوسط الراتب :

أن برنامج متوسط الراتب للموظف يأخذ في الاعتبار كل الفترة الزمنية لخدمـة ذلك الموظف ومتوسط راتبه السنوي , وتكون عامة ٥٠/١ مـن مجمـل الراتب السنوي للموظف , وفي حالة أن الموظف قد تدرج في السلم الوظيفي يكون متوسط راتبه قريب من الراتب الإجمالي لذلك الموظف.

ج ـ برامج الراتب النهائي :

أن برنامج الراتب النهـائي يأخذ في حسبانه الراتب الأخير للموظف كذلك المـدة الزمنية لخدمته واعتبارها في برنامج التقاعد لذلك الموظف .

د ـ برامج شراء سنوات الخدمة :

أن برامج شراء سنوات الخدمة تختلف عن غيرها من البرامج حيث يشارك فيها كل من الموظف وصاحب العمل حيث يقتطع مبلغ معين من راتب الموظف وأن الفائدة من هذه البرامج يعتمد على مقدار المبالغ التي أودعت في البرنامج وتم إستثمارها وكذلك فإن الفائدة من برامج التقاعد يعتمد في الأساس على قيمة المساهمة المالية التي تم المشاركة بها . فإذا كان الإستثمار بهذه الأموال ـ أي أموال التقاعد ـ ذات فائدة كبرى فيكون بذلك راتب التقاعد معقول . وهذا وينتج عن شراء برامج التقاعد مبالغ تستغل في إستثمارات معينة لأجل زيادة الفائدة منها .

معلومات عن التقاعد ودور دائرة شؤون الموظفين :

يتوقع الموظفون الحصول على معلومات أكثر حول برامج التقاعد الخاص بهم بشكل عام أو خاص.

لذا فإن دور دائرة شؤون الموظفين قد زاد بسبب زيادة استعمال الكمبيوتر حيث تتوحد المعلومات التي تغطي كافة شؤون الموظفين وأعطى الموظفين معلومات عن نتائج تقاعدهم واختيار تواريخ محددة لترك العمل.

وتتولى إدارة شؤون الموظفين إعداد قرارات التقاعد والإحتفاظ بسجل الموظف المتقاعد.

الإجازة المرضية مدفوعة الأجر ودور دائرة شؤون الموظفين :

الإجازة المرضية حق للموظف تمنح له بموجب تقارير طبية تثبت إصابته بمرض أو جرح يحول بينه وبين الإستمرار في مزاولته لعمله . وتهدف هذه الإجازة إلى حث الموظف المريض والمصاب لمواصلة علاجه

ليقرر بعد ذلك مدى إمكانية عودته لعمله أم لا , ويقوم مدير دائرة شؤون الموظفين بعدد من الأدوار في موضوع الأجازة المرضية مدفوعة الأجر , وهناك نوعان من الإجازة هما :-

أ ـ إجازة الإصابة بسبب خارج عن العمل :

تمنح الإجازة لمدة خمسة عشر شهراً الأشهر الثلاثة الأولى منها (براتب كامل) والأشهر الثلاثة التالية (بصرف راتب الأشهر الثلاثة بعدها (بربع راتب) والأشهر الستة الأخيرة (بدون راتب).

ب ـ إجازة الإصابة بسبب العمل :

تمنح هذه الإجازة لمدة ثمانية عشر شهراً يتم منحها براتب كامل في حالة الإصابة بمرض أو جرح يمنعه من أداء عمله , ويكون ذلك بسبب تأدية العمل ودون خطأ منه .

من دور مدير شؤون الموظفين في موضوع الإجازة المرضية مدفوعة الأجر هي :-

١ - النصيحة :

على مدير شؤون الموظفين توجيه النصيحة للموظفين حول الأجازة والتذكير بفوائدها وما هي الترتيبات الخاصة التي تتم في حالتها .

٢ - الزيارات المنزلية :

يستطيع مدراء شؤون الموظفين وكذلك مسؤولي الضمان الإجتماعي زيارة الموظفين في بيوتهم عند حصولهم على الإجازات المرضية لمدة معينة , وذلك للتواصل معهم ولإبداء النصح لهم , من حيث التقاعد المبكر إذا رأى ذلك مناسباً .

٣ - **الطرد والتنقل من العمل :**

يشارك مدير شؤون الموظفين في عملية نقل أو طرد الموظف من الخدمة والتي يجب أن تكون مبنية على أساس عدم كفاءة الموظف وعلى مدير شؤون الموظفين أيضاً اخذ الأمور التالية بعين الإعتبار عند طرد أو نقل موظف .

- طبيعة مرض الموظف وطول مدته ومدى تأثيره على الشركة.
- أهمية الوظيفة وإمكانية تعيين موظف بديل مؤقت.
- إذا كان من مصلحة الموظف أو الشركة تعيين ذلك الموظف البديل.

٤ - **السياسات والإجراءات المتبعة في الإجازات المرضية والغياب :**

على مدارء شؤون الموظفين المشاركة في إعداد السياسات والإجراءات الخاصة بالإجازة المرضية والغياب , وعليهم أيضاً مقابلة الموظفين الذي لديهم نسبة أكبر من الغياب قبل إصدار الإجراءات بحقهم وذلك لإبداء النصح بعدم الغياب.

٥ - **إجراءات إدارية :**

إن مدير شؤون الموظفين هو الشخص المسؤول عن الإجازات المرضية والغياب والذي بدوره يقوم بتزويد الإدارة بالمعلومات الخاصة عن موضوع الغياب والإجازة المرضية وقد تكون مربوطة الكترونياً مع باقي الأقسام لتزويد الأقسام الأخرى بالمعلومات والإستفادة كل قسم فيما يخصه.

٦ - مراقبة وتحليل موضوع الإجازة مدفوعة الأجر والغياب :

إن عملية المراقبة وتحليل موضوع الإجازة المرضية مدفوعة الأجر والغياب هي مهمة دائرة شؤون الموظفين التي بناء على المعلومات التي تحصل عليها تقرر مـدى أحقية الموظف بالإجازة وذلك لعدم إستغلالها بغير حقها المشروع.

٧ - إجراءات تأديبية :

يقوم مدير شؤون الموظفين بإتخاذ الإجراءات التأديبية عند إساءة استخدام موضوع الإجازة المرضية.

فترة إستحقاق الإجازة المرضية :

تختلف فترة الإجازة المرضية المدفوعة الأجر وتعتمـد عـلى مـدة خدمة الموظـف في الشركة حيث يكون بإمكانة الحصول على إجازة مرضية تتناسب مع خدمته حيث تتراوح من بضعة أسابيع إلى سنة فأكثر . أما في القطاع العام فبإمكان الموظف الحصول عـلى إجازة مرضية تمتد إلى حوالي ستة أشهر مدفوعة الأجر تليها ستة أشهر ونصف مدفوعة الأجر.

برامج تمويل صندوق التقاعد :

معظم أصحاب العمل يدفعون الإجازات المرضية بدون أن يساهم الموظف في الأمور المالية وبعض منهم يطلب من الموظف المساهمة أو البعض الآخر من أصحاب العمل يدفع للموظف فيه الإجازة المرضية من خلال شركة التأمين.

الفصل الثامن عشر : الرفاه والصحة العامة

- تمهيد

- تعريف الصحة والسلامة العامة والرفاه

- تطوير وأهمية توفير احتياطات الصحة والسلامة العامة والرفاه ودور إدارة شؤون الموظفين

- تقنين الصحة والسلامة العامة والرفاه

- إدارة الصحة والسلامة العامة والرفاه

- مسؤوليات السلامة المهنية والصحية

- تدريب السلامة العامة وأساليب أخرى للإقناع

- متطلبات برامج السلامة العامة

- مواصفات الوظيفة والدور الذي يقوم به المشرف

- تقدير الخطر

- الرفاه والصحة المهنية

الرفاه والصحة والسلامة العامة Health, safety and welfare

تمهيد :

كل من ينظر إلى عالم الصناعة في هذه الأيام يجد أن قطاع الأعمال الصناعية قـد اتسـع بشكل كبير , سواء في قطاع الخدمات أو الإنتاج . لقد ظهرت الشركات العملاقة التي يعمل فيها مئات الألوف من العاملين كما نشطت الشركات الصغيرة والمتوسطة ولقد أسـهمت الصنـاعات الحديثة والتقدم التكنولوجي في تضخم هذه الشركات وتعدد أنشطتها وتعقيد عملياتها.

وقد أدى وجود عدد هائل من العاملين وتعقد الصناعة وزيادة مخاطرهـا إلى تزايـد تعرض العاملين إلى مخاطر الإصابة في العمل , وانتشـار الأمـراض المهنيـة أيضاً , فاستوجب ذلك تدخل الإدارات العليا لحماية القوى العاملـة مـن تلـك الإصـابات , وللحـد مـن آثارهـا السلبية إلى أدنى مستوى ممكن . لذلك قامت تلك الإدارات بإتخاذ الإجراءات اللازمة ووضع اللوائح التي تحكم تصرفات العاملين فيها أثناء العمل.

تعريف الصحة والسلامة العامة والرفاه

Definitions of health, safety and welfare :

إن أغلب المعاجم تعرف الرفاه Welfare عـلى أنه سـعادة well-being وهكذا فإن الصحة والسلامة العامة تعتبر بشكل محدد جوانب لرفاه الموظف كـما يشـير Fox أن تعريـف الرفاه لا يشمل فقط الأهتمام المبكر بظروف العمل المادية للعمال مثل (الصحة , المطـاعم , ساعات العمل , فترات الراحة) ولكن شمل فكر مدرسة العلاقـات الإنسـانية والأهـتمام بالرضا الوظيفي للعاملين كما وينظر إليه على أنه وسيلة لتحقيق إنتاجية أعلى .

كما ويشير مفهوم السلامة العامـة إلى جميع الإجراءات والخدمات التـي تقـدمها الإدارة في مؤسسة ما بهدف حماية جميع عناصر الإنتاج فيها من

الضرر والحوادث , وفي مقدمة هـذه العناصر يـأتي العنصر ـ البشري الـذي تعمـل إدارة المؤسسة على حمايته من إصابات العمل وأمراض المهنة.

وتجدر الإشارة هنا إلى أن هنالك مجالان أساسيات للمنفعة التي تعـود عـلى الفـرد من توفير تسهيلات الرفاه وهما : المنافع الجسدية , والمنافع العاطفية (النفسية) , فالمنافع الجسدية تتبع بشكل أساسي من الإجراءات المتخذة لتحسين الصحة والسلامة العامة كما أنها تتبع من تقديم إجازات مدفوعة الأجر وتخفيض ساعات العمـل ... الخ . أمـا المنافع النفسية فتتبع بشكل أساسي من أي إحتياطات وضعت لتحسـين الصـحة العقليـة للعاملين ومن الأمثلة عليها الإستشارة , تحسـين الاتصـالات , أو أي شيء يتضمن حاجـات العلاقـات الإنسانية للأفراد في العمل . كما أن معظم نشاطات الرفاه تتضمن الاثنتين : المنافع الجسدية والمنافع النفسية . ويوجد اتجاه آخر يؤكد بالأضافة لما سبق ذكره أن أصحاب العمل يقدموا للموظفين الرفاه المادي (المالي) والعقـلي (الفكري) . وتـوفير الرفـاه المـادي (المـالي) يشـمل نفقات المستشفى (التأمين الصحي) والرواتب التقاعدية . أما المنافع العقلية (الفكرية) تـأتي على شكل توفير مناخ عمل مرضي وتطوير وتدريب للعاملين وبشكل ملائم.

تطور وأهمية توفير احتياطات الصـحة والسـلامة العامـة والرفـاه ودور إدارة شـؤون الموظفين

The development and importance of health, safety and welfare provision and the role of personnel management.

إن تطور توفير احتياطات الصحة والسلامة والرفاه مرتبط إلى حد كبير بتطور إدارة شؤون الموظفين نفسها كما أن واحداً من التأثيرات المبكرة التي ساعدت على تطور إدارة شؤون الموظفين كان النمو المتزايد في عدد العمال المسؤولين عن الرفاه الصناعي.

١ - في بدايات القرن العشرين : كان أصحاب العمل المتنورين بدؤوا وبشكل تدريجي في تحسين ظروف العمل للموظفين والذي كان بهم بإجراء هذه التحسينات في الغالب كان من العاملين المسؤولين عن الرفاه الصناعي في المنظمات الصناعية . أما التأثير الآخر الذي ساعد على تطور إدارة شؤون الموظفين هو مدرسة العلاقات الإنسانية وبشكل خاص العمل الذي قام به Elton Mayo في مصنع هوثورن التابع لشركة الكهرباء الغربية Western electric company والذي احتوى على برنامج استشارات للعاملين.

٢ - طبق من العام ١٩٣٦ لغاية العام ١٩٥٥ ووجد أن برنامج كهذا كان مفيداً لكلا من الصحة العقلية للموظفين ولعملهم.

كما وأظهرت دراسة قام بها Torrington عام ١٩٩٤ أن ٤١% من المؤسسات التي خضعن للدراسة في بريطانيا والتي يوجد بها مدير للسلامة العامة فإن هذا المدير كان يعمل ضمن نطاق وظيفة شؤون الموظفين . وفي المؤسسات التي لايوجد بها مدير للصحة والسلامة العامة فإن دائرة شؤون الموظفين كان لها مسؤولية أساسية عن الصحة والسلامة العامة.

أما عن دور إدارة الموارد البشرية في دعم قضايا السلامة والصحة المهنية للعاملين وتحقيق الرفاه لهم يمكن القول أن عليها مسؤوليات كبيرة في هذا المجال لاتقل عن مسؤوليات الإدارات الأخرى , فمن ضمن واجباتها التأكد من أن

الأفراد الذين يعانون من الحوداث أو الأمراض الصناعية يتلقون العلاج اللازم والحماية المناسبة , ويتم صرف التعويض المناسب لهم حسبما يقرره القانون , كما أن مسؤولية هذه الإدارة التأكد من حفظ السجلات الضرورية للرجوع إليها عند الضرورة , وفي السابق كانت تقع المسؤولية المباشرة عن السلامة والصحة المهنية على إدارة الموارد البشرية لكن هذا كان نادراً ما يكون عملاً ناجحاً, لأن إدارات الموارد البشرية لن تجد الوقت الكافي الذي تحتاجه ولن تملك المعرفة المهنية الضرورية ولا الخبرة في هذا المجال . فأدى ذلك إلى تدني مستوى أدائها فيه , أما الآن فإنه من العادي جد توفير دوائر خاصة تهتم بموضوع السلامة والصحة المهنية وتحقيق الرفاه للعاملين وهذا بحد ذاته يعتبر عملاً جيداً وترتيبات مقبولة إذ تركز تلك الدوائر بكاملها على السلامة والصحة المهنية من حيث كونها من مسؤولية كافة المدراء .

أما عن أهمية توفير احتياطات الصحة والسلامة العامة , فإن هنالك أسباب متنوعة تدعم توفير احتياطات الصحة والسلامة العامة والرفاه كجزء من المنظور الأخلاقي والالتزام بالقوانين والتشريعات وأنه ليس من العدل أن نقول أن المنظور والالتزام القانوني لدى صاحب العمل لا يلعب دوراً في دفعه نحو تحسين هذه الاحتياطات . لكن هناك عوامل رئيسية أخرى مؤثرة في ذلك وهي عدد أيام العمل الضائعة بسبب حوادث العمل , كما أن هنالك أيضاً شعور عام بأن الموظفين الذين يعتنى بحاجاتهم المتعلقة بالصحة والسلامة العامة والرفاه من قبل صاحب العمل سيكونون أكثر إنتاجية ويعتبرون موظفين مخلصين ومتفانين في عملهم أما إذا عوملوا الموظفين بعكس ذلك فإن ذلك سيكون له عواقب وخيمة ربما تؤثر على العلاقات الصناعية القائمة بين الأفراد والإدارة وتدنى الإنتاجية وفي هذا الصدد يقول Mackay : "أنه من الصعب جداً على الأفراد الذين عوملوا بشكل جيد أن يأخذوا تجاه محارب أو معادي للإدارة ولو بنسبة ١%.

تقنين الصحة والسلامة العامة والرفاه

Health, safety and welfare legislation

في مجال الصحة والسلامة العامة فإن التدخل التشريعي وجد وباستمرار ولمدة أكثر من قرن من الزمان . وقد تطرق Torrington في كتابه إلى مجموعة من التشريعات الأساسية في بريطانيا والمتعلقة بموضوع الصحة والسلامة العامة ومن هذه التشريعات على سبيل المثال قانون المصانع لعام ١٩٦١م , وقانون المكاتب والمتاجر ومنشآت سكة الحديد لعام ١٩٦٣م , وقانون الوقاية من الحرائق لعام ١٩٧١م . وهذه القوانين الثلاثة جمعت في الوقت الحالي لتكون أكثر حداثة في مواد الصحة والسلامة العامة الواردة في قانون العمل البريطاني لعام ١٩٧٤م .

وفي هذا الصدد سنقوم بمناقشة بنود الصحة والسلامة العامة الواردة في قانون العمل الأردني لعام ١٩٩٦م وتعديلاته الأخيرة لعام ٢٠٠٣م وذلك على النحو الآتي :

أشارت المادة ٧٨ من قانون العمل الأردني ما يلي :

يتوجب على صاحب العمل ما يلي :

١ - توفير الاحتياطات والتدابير اللازمة لحماية العمال من الأخطار والأمراض التي قد تنجم عن العمل وعن الآلات المستعملة به.

٢ - توفير وسائل الحماية الشخصية والوقاية للعاملين من أخطار وأمراض المهنية كالملابس , وعلى نظافتها .

٣ - إحاطة العامل قبل اشتغاله بمخاطر مهنته وسبل الوقاية الواجب عليه إتخاذها وأن يعلق بمكان ظاهر تعليمات وإرشادات توضح فيها مخاطر المهنة ووسائل الوقاية منها وفق الأنظمة والقرارات التي تصدر بهذا الشأن.

٤ - توفير وسائل وأجهزة الإسعاف الطبي للعمال في المؤسسة وفقاً للمستويات التي تحدد بقرار من الوزير بعد استطلاع آراء الجهات الرسمية المختصة.

المادة ٨٠ :

على صاحب العمل إتخاذ الإحتياطات اللازمة لحماية المؤسسة والعاملين فيها من أخطار الحريق والإنفجارات أو تخزين المواد الخطرة القابلة للإشتعال أو نقلها أو تداولها وتوفير الوسائل والأجهزة الفنية الكافية وذلك وفقاً لتعليمات السلطات الرسمية المختصة.

المادة ٨١ :

لايجوز لصاحب العمل أو العامل أن يسمح بإدخال أي نوع من الخمور أو المخدرات والمؤثرات العقلية أو العقاقير الخطرة إلى أماكن العمل أو أن يعرضها فيها كما لايجوز لأي شخص الدخول إلى تلك الأماكن أو البقاء فيها لأي سبب من الأسباب وهو تحت تأثير تلك المشروبات أو العقاقير.

وبناء عليه نلاحظ أن مواد القانون سالفة الذكر والمتعلقة بالسلامة العامة والصحة المهنية أنها ركزت على الجوانب المادية والجوانب العقلية والنفسية والتي تؤثر على العامل إذ إنه لايكفي أن نركز على الجوانب المادية فقط بل يجب أن تتضمن الجوانب النفسية والعقلية لما لها من أهمية قصوى ومؤثرة على إنتاجية العامل وأدائه للعمل .

إدارة الصحة والسلامة العامة والرفاه

The management of health, safety and welfare

هنالك عدد من الطرق التي تجعل الإدارة تتحمل مسؤولياتها في تنفيذ وثيقة السياسة العامة الخاصة بالصحة والسلامة وضمان الطاعة للمتطلبات القانونية , ويمكن مناقشة ذلك من خلال إدراج النقاط الآتية .

ما هي الطرق التي تقوم بها الإدارة لتطبيق قواعد الصحة والسلامة العامة والرفاه

١ - جعل العمل آمناً Making the work safe

وذلك بتوفير شروط الصحة والسلامة العامة لجميع العاملين كما ويعتبر وبشكل أساسي من مهام مهندس الإنتاج والتصميم إلا أنه كذلك يعتبر من مسؤولية الإدارة بشكل عام للتأكد من أن الأجهزة والآلات القيمة المستعملة قد عدلت بشكل مناسب لجعلها آمنة أو تم الاستغناء عنها وإزالتها. كذلك فإن توفير السلامة المهنية يعتبر مسؤولية إدارية مثل التأكد من أن النظارات الواقية وحاميات الرأس والآذان متوفرة.

٢ - تمكين العمال من العمل بأمان

Enabling employees to work safely

في حين أن جعل العمل آمنا يعتبر بشكل كامل من مسؤولية الإدارة إلا أن الموظف قد يساهم في جعل العمل غير آمن بسبب إهماله الذاتي (الشخصي) في موقف يعتبر آمناً.

لذلك تعتبر مهمة الإدارة مضاعفة فالمهمة الأولى للإدارة تتمثل في إخبار العامل ماذا يعمل What to do . والمهمة الثانية : هي أن المعرفة التي حصل عليها الموظف من الإدارة يجب أن تطبق أي أن الموظف يجب أن يضع إجراءات العمل الآمنة التي خطط لها ووضعت موضع التنفيذ من قبل الإدارة.

المبادرة لجعل العمال يعملوا بأمان ستقاد من قبل المتخصصين من خلال إدارة الفريق من أمثال مدراء السلامة ومدراء الجهاز الطبي وطاقم التمريض وممثلي السلامة العامة وعلى الرغم من وجود إلزام قانوني لتعيين مدير للسلامة العامة إلا أن عدد المنظمات التي تعين مثل هؤلاء المدراء في تزايد مستمر وأحد الأسباب لذلك هو إعطاء تأكيد وتركيز على مسائل السلامة العامة فعملية القيام بتعيين مدراء السلامة العامة تعطي انطباعاً بأن الإدارة تقصد هذا العمل . لكن التعيين نفسه ليس كافياً وإنما يجب أن يكون لائقاً بهيكل الإدارة وأن يكون له موقع على الهيكل التنظيمي وأن يرتبط بخطوط السلطة والرقابة والتوجيه والمسألة وهي التي تمكن مدير السلامة العامة من أن يكون فعالاً والتي تمنع أعضاء المنظمة الآخرين من التهرب من المسؤولية الملقاة على عاتقهم .

مسؤوليات السلامة المهنية والصحية :

تقع مسؤولية تطبيق برامج السلامة المهنية والصحية على كاهل كافة العاملين في المنظمة , كل فرد حسب موقعه كما يلي :

أ ـ **العاملون** : يقع عليم جميعاً الالتزام بأن يؤدوا مهماتهم في تحمل مسؤولية أمن المنظمة , وأن يكونوا على معرفة ودراية بنظم وقواعد السلامة العامة , وأن يبذلوا أقصى الانتباه فيما يتعلق بتطبيق لوائح وتعليمات السلامة المهنية بعد معرفتهم إياها.

ب ـ **الإدارة العليا** : وتعتبر هي الجهة المسؤولية عن توفير وسائل السلامة العامة (المهنية والصحية) الخاصة بموظفيهم , ووضع اللوائح والتعليمات التي تنظم استخدام تلك الوسائل . كما وتعتبر تلك الإدارة مسؤولة عن توفير الأفراد المناط بهم تصميم برامج السلامة المهنية والعمل على تنفيذها.

ج ـ مـدراء الإدارات والمشرفون : وعلـيهم مسـؤولية الحفـاظ عـلى السـلامة المهنيـة والصحية الخاصة بموظفيهم , فعليهم مثلاً التأكد مـن أن ظـروف العمـل تـوفر السـلامة مـا أمكن , وأن يدربوا موظفيهم على العمل بأسلوب سليم . أما من الناحيـة النفسـية فعلـيهم تشجيع موظفيهم على أن يلتزموا بقواعد السلامة العامة وأن يعملوا على التقيـد بهـا وهـذا يتطلب منهم التقيد شخصياً بقواعد السلامة العامة حتى يكونوا قدوة لمرؤوسيهم.

د ـ ضابط السلامة وضباط الصحة : إن من مسؤولية هذه المجموعـة تقـديم المشـورة المهنية والمساعدة اللازمتين , سواء إلى الإدارة العليا أو إلى مدراء الإدارات أو المشرفين.

تدريب السلامة العامة وأساليب أخرى للإقناع

Safety training and other methodsn of persuasion

إن تدريب العاملين على إجراءات السلامة العامـة يعتـبر مـن الأمـور الحيويـة التـي تساعد في الحفاظ على سلامة العـاملين وسـلامة المنظمـة عـلى حـد سـواء كـما أن تـدريب السلامة العامة له ثلاثة أهداف رئيسية وهي :

١ - إخبار وإفهام الموظفين عن طبيعة المخاطر في مكان العمل .

٢ - إدراك الموظفين قواعد السلامة العامة وإجراءاتها .

٣ - إقناع الموظفين بأهمية طاعة قواعد وإجراءات السلامة العامة .

عملية إقناع العمال بالمحافظة على قواعد السلامة العامة يعتبر أمراً صعباً وهنا غالباً ما يظهر بعض العمال مقاومة عامـة لـذلك فالدراسـة التـي أعـدها كـل مـن Priani and Reynolds عام ١٩٧٦ تلقي بعض الضوء عـلى هـذا , كـما أنهـم إسـتخدموا تقنيـة شـبكة المجموعة (الأدوار) Repertory Gridء للحصول على المعلومات من المدراء والعمال لإيجـاد

وعي عام بالسلامة العامة للموظف , كما أظهرت عينة الدراسة المتعلقة بالمدراء , أن الوعي بأمور السلامة العامة منخفض نسبياً .

إن (تدريب السلامة العامة) يتم تنفيذه في ثلاثة أوضاع في البداية التدريب على الوظيفة والمساقات الإنعاشية , أنواع مختلفة من أساليب ووسائل التدريب يمكن أن تستخدم وتتضمن المحاضرات والنقاشات , الأفلام , لعب الأدوار , والشرائح (السلايدات) وهذه الأساليب أحياناً تستعين بملصقات أو حملات توعية بالسلامة العامة واتصالات ومخالفات تأديبية وانتهاكات لقواعد السلامة العامة .

كما وأشارت الدراسة التي أعدها كل من Pirani and Reynolds عام ١٩٧٦ إلى أن الاستجابة للأساليب المختلفة للأقناع بأهمية السلامة العامة وهي حملات الملصقات , عروض   الأفلام , تقنيات التخويف (بث الرعب) , مجموعات النقاش , لعب الأدوار والعمل التأديبي كانت جيدة في المدى القصير (أكثر من أسبوعين) لكن بعد أربعة شهور فإن التحسين الأولى لكل الأساليب قد أختفى بشكل حقيقي باستثناء لعب الأدوار . كما ويعتبر التدريب الخارجي مهماً للمدراء وللمشرفين ولممثلي السلامة العامة.

متطلبات برامج السلامة العامة :

لاشك أن هناك عدة متطلبات يلزم توافر لتطبيق برامج السلامة العامة والمهنية بغية حماية العاملين من الحوادث وإصابات العمل ونذكر منها مايلي :

١ - إيمان الإدارة العليا بأهمية برامج السلامة والصحة ودعمها لها .

٢ - توفير الإمكانيات المادية اللازمة لوضع وتنفيذ تلك البرامج .

٣ - تعاون كافة العاملين في المنظمة على تنفيذ إجراءات السلامة العامة.

٤ - تـدريب العـاملين بصـفة مسـتمرة عـلى إسـتعمال الآلات والمعـدات المستخدمة.

٥ - إجراءات الصيانة الدورية للآلات والمعدات في المنظمة لتلافي وقوع الحوادث .

٦ - توفير ظروف العمل الملائمة وخلق جو عمل مناسب يساعد العاملين على القيام بأعمالهم.

٧ - القيام بالكشف الطبي على العاملين بصفة دورية.

مواصفات الوظيفة والدور الذي يقوم به المشرف
Job descriptions and the role of the supervisor

عنـد وضـع المواصـفات الوظيفيـة لأي وظيفـة يجـب أن يعطـي الإهتمام بجوانب السلامة العامة للعمل وأن تكون ممارسات العمل الآمنة جزء من مواصفات الوظيفة وأحد واجباتها حتى يتقيد بها الفرد شاغل الوظيفة . وبشكل خـاص فـإن دور المشرف ينحصـر ـ في التأكيد من أن ممارسات العمل الآمنة سوف تنفذ كما هي محددة في وصف وظيفة المشرف قدر الإمكان.

تقدير الخطر Risk Assessment

يعتبر تقدير الخطر واحد من المـداخل الجديـدة لتحقيـق الصـحة والسـلامة العامـة الذي يركز على توقع الحوادث والتنبؤ بها , وهـذا يختلف عـن الكثير مـن الإحتياطـات الوقائية التقليدية التي توضع بعد تكرار وقوع الحدث . هـذا المدخل يعكس الإهتمامـات الحالية التي تتفق على مسائل وقضايا الصحة

والسلامة العامة التي يجب أن تكون ذات تكلفة فعالة (جدوى اقتصادية) بحيث تناسب المردود من جراء منع الحوادث.

الرفاه والصحة المهنية

Welfare and occupational health

يعتبر موضوع الرفاه والصحة المهنية مجالا واسعا ويشمل كلا من السعادة (الرفاه) الجسدية والنفسية . وإن كل أولئك الذين يعينون في المنظمة مثل الأطباء والممرضين ومدراء الرفاه والأخصائيين الإجتماعيين والنفسيين مسؤولون عـن تحقيـق الرفاه والصحة المهنيـة للعاملين ويعتبر هذا الإتجاه سائداً في المنظمات الكبيرة الواقعة في مناطق بعيدة عـن مراكـز التجمع السكاني , خصوصاً في المؤسسات الصناعية.

ومن التسهيلات التي يمكن تقديمها للعاملين في مجال العناية الجسدية ما يلي :

١ - معالجة طارئة لمستوى أعلى من الإسعافات الأولية لمساندة المصابين في العمل.

٢ - تقديم الإستشارة الطبية بالأمور المتعلقة بإصابات العمل.

٣ - مراقبة الحوادث والأمراض المهنية لمعرفة المخاطر ومحاولة علاجها.

٤ - إنشاء مراكز طبية داخلية تخدم العاملين في المنظمة.

٥ - وضع مساقات تدريبية للصحة والسلامة العامة داخل المنظمة.

٦ - إجـراء خـدمات الدراسـات المسـحية الشـاملة المنتظمـة لمعرفة فيما إذا كانـت الأمراض السارية موجودة أم لا .

أما فيما يتعلق بالرفاه النفسي أو العاطفي ليس بالضرورة أن يكون مفصولا عـن الرفاه الجسدي وتجدر الإشارة هنا إلى الدراسة التي أعدها كل من

Slaikeu and Frank عام ١٩٨٦م والتي تدعم الإهتمام بالجانب النفسي والعـاطفي للعـاملين كما أظهرت الدراسة أن كلا من الزواج , العائلة, الأزمات المالية والقانونية هي مشاكل مسيطرة على معظم العاملين , والحل الضعيف لمثل هذه الأزمات سيؤدي على المـدى البعيـد إلى المزيـد من الدمار النفسي الذي يظهر على شكل إكتئاب وإحباط , وإدمان للكحـول وأمـراض جسـدية خطيرة ويمكن أن يصل هذا الدمار النفسي إلى درجة الموت.

فالأزمات التي لم تحل ولم تعالج ستؤثر على إنتاجية العامـل سـلباً وتسـاهم إلى حـد بعيد في التسبب بدوران العمل والغياب المتكررة , فعلى سبيل المثال فإن التكلفـة السـنوية للشركات الأمريكية الناتجة عن مشكلة إدمان الكحول وحدها حـوالي (٥) بليـون دولار كـما أن التكلفة المقدرة للمشاكل النفسـية في شركـات الأعـمال والشركات الصـناعية في الولايـات المتحدة حوالي (١٧) بليون دولار سنوياً .

كما وتحدث Torrington عن موضوع ضـغط العمـل والـذي يعتـبر مـن المواضـيع الهامة التي تناولها الباحثون بالدراسة , كما أن الضغط في العمل ليس فكرة جديدة كـما أن الأدب الإداري يزخر بالمؤلفات التي تحدثت عن موضوع ضغط العمل Work Stress ويشر Glowinkowski ألى أن الضغط خطر يهدد السعادة الجسدية والنفسية كـما لخـص الآثـار الضارة الناتجة عن الضغط فيقول :

في حين أن الضغط يستمر لفترة قصيرة إلا أنـه يمثـل ثقـلاً مسـتمراً يـؤدي في المـدى القصير إلى مخرجات عديدة مثل : التوتر , زيادة سرعة نبضات القلب , أو حتـى الزيـادة في شرب الكحول أو الزيادة في التدخين , أما في المدى الطويل فيقال أن الضغط يسـبب أمراضـاً عديدة مثل : الإكتئاب , مرض القلب التاجي , مرض السكري , ومرض الربو.

وبسبب تعدد المشاكل الجسدية والنفسية فإن صاحب العمل يستطيع توفير عدد من التسهيلات التي تخفف الكثير من المصاعب التي يواجهها العاملين وهي توفير ما يلي :

١ - شخص ما تتحدث إليه/ شخص ما تنصحه

Someone to talk to/someone to advidse

هذا الشخص يمكن أن يكون مدير شؤون الموظفين لكنه غالباً ما يكون مفيداً إذا كان هذا الشخص من خارج إطار العمل نفسه مثل مستشار خارجي متخصص . كما ويوجد فائدتان يحققها ذلك الأول : هي النصح والمساعدة العملية والفائدة الثانية : هي وجود شخص ما يستمع لمشكلة الفرد ويحاول تقديم حل لها .

De Board عام ١٩٨٣ قدم اقتراحاً حول أنواع المشاكل المتعلقة بالعمل والتي قد يكون فيها العامل بحاجة للإستشارة وهي :

عدم الكفاية الفنية مستوى عمل منخفض , مستوى عمل مرتفع , عدم التأكد حول المستقبل وعلاقات العمل . وبهذا فإن الإستشارة تهدف إلى توفير جو مؤيد لمساعدة الأفراد ليجدوا حلاً ذاتياً للمشكلة بأنفسهم.

٢ - تنظيم العمل Organization of work

وهذا إجراء وقائي يتضمن إعادة التنظيم لجوانب العمل والتي تؤثر على الصحة العقلية وهذا الإجراء ربما يشمل إجراء تغييرات تضف كتطوير تنظيمي مثل تدوير العمل ومجموعات العمل الذاتي , واقتراح كل من Eva and Oswald عام ١٩٨١ إجراءات مثل تخفيض ساعات العمل وإعطاء إجازات للأفراد إذ إن بعض الشركات الأمريكية بدأت تمنح إجازة لمدة سنة بعد عدة سنوات من الخدمة الفعلية من أجل منع الإكراه على ترك العمل في المنظمة.

٣ - برامج الصحة الإيجابية Positive health programmes

توضح هـذه البـرامج التنـوع في المـداخل المختلفـة التـي تهـدف إلى التخفيـف مـن الضغط والمشاكل المترابطة وكذلك تشجع أنماط الحياة الصحية. هناك نشاط متزايد متعلـق بإجراء حملات الأكل الصحي ومنع التـدخين والمسـاندة والـدعم سـوية مـع تـوفير مصـادر للنشاط الجسدي . برامج التعـاون الحسـن (الاتحاد مـن أجـل صحة جيـدة) corporate wellness موجودة منذ مدة طويلة في الولايات المتحدة الأمريكيـة وكـان الهـدف الرئيسي- منها هو تخفيض التكاليف الطبية أما في المملكة المتحدة فإن هـذه البـرامج غالبـاً مـا تعتـبر منفعة للعمال كما وتشجع على إنتاجية أعلى وتخفيض مستوى الغياب.

كما ويقول Mills أن هذه البرامج تشكل تحدياً للمنظمات ويقدم اقتراحاً للقائمين على المنظمات في أن عليهم على الأقـل أن يقيمـوا بـرامج الصحة الإيجابيـة وأن يحققـوا في التأثير الذي يسببه نمط الإدارة السائد .

بعض هذه الإستراتيجيات لبرامج الصحة الإيجابية والتعاون الحسن تتضمن استخدام اليوغا Yoga والتأمل واستخدام التدريب الذاتي Autogenic كما وطور التـدريب النفسي- (الذاتي) من خلال إجراء تمارين في الإدراك الجسـمي والاسـترخاء الجسـدي والتي تـؤدي إلى تركيز دون بذل جهد سلبي والتي تؤدي إلى العديد مـن الفوائـد العقليـة والجسـمانية مثـل تخفيض القلق وعوامل الخطر المؤثرة على القلب .

قائمة المراجع

المراجع العربية

١ - فوزي , حبيش , (١٩٩١) , الوظيفة العامة وإدارة الموارد البشرية , دار النهضة العربية.

٢ - عبيد , عاطف , (١٩٧١) , إدارة الأفراد والعلاقات الإنسانية , هيئة المطابع الأميرية , القاهرة.

٣ - ابو شيخه , نادر أحمد , (٢٠٠٠) , إدارة الموارد البشرية , (ط), دار صفاء للنشر والتوزيع.

٤ - مخامرة , محسن , وآخرون , (٢٠٠٠) , المفاهيم الإدارية الحديثة , (ط ٦) مركز الكتب الاكاديمي , عمان.

٥ - العميان , محمود (٢٠٠٤) , السلوك التنظيمي , (ط ٢) دار وائل للنشر والتوزيع , عمان/الأردن.

٦ - الهيتي , خالد عبد الرحيم مطر , (١٩٩٩) , إدارة الموارد البشرية: مدخل إستراتيجي , (ط ١) دار ومكتبة الحامد للنشر والتوزيع , عمان/الأردن .

٧ - المرسي , جمال الدين , (٢٠٠١) , السلوك التنظيمي , الدار الجامعية , القاهرة .

٨ - حسن , رواية محمد , (١٩٩٨) , إدارة الموارد البشرية , المكتب الجامعي الحديث , الاسكندرية , مصر .

٩ - السالم , مؤيد وصالح , عادل , (٢٠٠٢) , إدارة الموارد البشرية , مدخل إستراتيجي , (ط ١) عالم الكتب الجديد للنشر والتوزيع , عمان.

١٠ - الصرف , رعد حسن , (٢٠٠٠) , إدارة الابتكار والابداع , (ط ـ ١) دار الرضا للنشر , دمشق .

١١ - حمود , خضير , وابوتايه , سلطان , (٢٠٠١) , متطلبات التأهيل لشهادة الايزو , (ط ـ ١) مكتبة اليقظة للنشر والتوزيع , عمان.

١٢ - صالح , سمير أحمد , (٢٠٠٣) , تطبيق إدارة الجودة الشاملة في قطاع الصناعة , دراسة مقارنة بين الشركات الصناعية في مدينة عبد الله بن الحسين الصناعية , رسالة ماجستير غير منشورة , الجامعة الأردنية , عمان/الأردن .

١٣ - صالح , محمد فالح , (٢٠٠٤), إدارة الموارد البشرية , (ط ـ ١), دار الحامد للنشر والتوزيع , عمان/الأردن.

١٤ - صالح , محمود , (١٩٩٥) , شرح قانون نظام العاملين المدنيين بالدولة , منشأة المعارف , القاهرة.

المراجع الأجنبية :

١- Derek T. and Lanra H, (١٩٩٨(. Hunan resours Management. (٤th Ed(.

London : prentice Hall Europe.

٢- Daft, Richard L., (٢٠٠١). Oroganization theovy and Design, Ed. USA.

٣- Quick MBA, (٢٠٠٤). Global Strategic Management.

٤- Graham, H.T., (١٩٧٤), Human resources Management, ١th Ed. Butler &

tanner Ltd, U.K.

٥- Marchington, M., (١٩٩٢). Managing the tearn (١th Ed.) Oxford.

Blackwell publishe.

قائمة المحتويات

Printed in the United States
By Bookmasters